Incondicionalmente
Amados

José Miguel Moral

Order this book online at www.trafford.com
or email orders@trafford.com

Most Trafford titles are also available at major online book retailers.

Printed in the United States of America.

ISBN: 978-1-4669-0283-1 (sc)
ISBN: 978-1-4669-0282-4 (e)

Trafford rev. 11/03/2011

 PUBLISHING® www.trafford.com

North America & International
toll-free: 1 888 232 4444 (USA & Canada)
phone: 250 383 6864 ♦ fax: 812 355 4082

CONTENIDO

INTRODUCCIÓN ix

RESCATADOS POR EL AMOR 1

    Su indescriptible amor 5

    Su enorme sacrificio 10

    Su inmenso gozo 13

    Magnitud universal de su gozo 15

    Su intenso amor por los perdidos 17

ENCONTRADOS POR EL AMOR 19

    Enciende una lámpara 25

    Barre la casa 28

    Busca diligentemente 31

    Festeja feliz 33

DESINTERESADO AMOR 35

    Independencia y egoísmo del hijo 36

    Amor y desinterés del padre 45

CARENTES DE AMOR 52

    Desprecio de todo cuanto amó 54

    Destierro voluntario de sí mismo 57

    Despilfarro de todo cuanto se posee 60

    Desenfreno personal 64

COLAPSADOS SIN EL AMOR 68

    Colapso espiritual 69

    Colapso económico 70

Colapso social 72

Colapso moral 77

Hijo tú padre te espera 80

ATRAÍDOS POR EL AMOR 82

Reconoce su locura.. 84

Reconoce su caída 88

Reconoce su pecado 89

Reconoce su indignidad....................................... 97

JUSTIFICADOS POR EL AMOR 102

Dios quiere recibirte.. 105

Dios quiere libertarte... 107

Dios quiere sacrificarse por ti............................... 112

Dios quiere gozarse contigo 113

INCONDICIONALMENTE AMADOS........................118

Diferentes relaciones.. 119

Diferentes decisiones 122

Diferentes motivaciones 126

Diferentes percepciones del padre......................... 131

Distintos finales... 140

CONCLUSIÓN 143

BIBLIOGRAFÍA..147

DEDICATORIA

A mi querida madre, quien supo dar a sus hijos un buen ejemplo de cristianismo y abnegación. Y a la memoria de mi padre, quien fue un hijo pródigo rescatado de los zarzales del desierto de la vida.

INTRODUCCIÓN

Cuentan que en cierto lugar, hace mucho tiempo una mujer se convirtió a Cristo; pero su esposo, que se oponía fuertemente a que ella fuera cristiana, enterado de su decisión y ciego por el camino que ella había tomado, decide confrontarla severamente: pelea con ella, la insulta, la empuja, y amenazante le arrebata la Biblia de entre las manos. Pero ella no cede. Enfurecido, rompe en pedazos el sagrado libro y lanza por la ventana los ajados y maltrechos trozos del texto que odia con todas sus fuerzas, pero que ella ama de todo corazón.

Terminada la contienda, ella sale y reúne poco a poco todos los pedazos que encuentra del libro que ama y los pone a salvo del enardecido esposo. Pero en la madrugada, él se levanta para ir al trabajo, sale al patio, y encuentra un pedazo de papel roto y arrugado, se da cuenta de que es una página de la que la víspera fuera la Biblia de su esposa; la toma, la guarda, tal vez tratando de evitar que fuera encontrada por ella, y luego parte para el trabajo.

En algún momento del día, mientras descansa durante la pesada jornada laboral, extrae del bolsillo el trozo de papel, y sin darse cuenta comienza a leer la historia del hijo que recibió la herencia y se marchó de casa:

—¡Qué historia tan sorprendente! Nunca había leído yo algo así—piensa—, qué padre tan bueno, qué muchacho tan torpe . . .

Mientras continúa leyendo el impresionante relato hecho por Jesús, la página se quiebra y el relato queda inconcluso.

—¿Lo perdonará . . . ? ¿Lo castigará . . . ? ¿Qué va a pasar cuándo el padre y el hijo se encuentren de nuevo? ¿En qué acaba esta historia? Tengo que enterarme de cómo termina este relato. Pero la página inconclusa no le permite saber.

Preocupado por el desenlace final de la que le parece ser una tragedia familiar causada por un hijo testarudo que no hacía caso de su padre. Regresa a su casa, y deseando encontrar el trozo de papel que le falta, busca por todas partes algo que necesita pero que por más que busca no puede encontrar. La curiosidad lo ronda, pero no se atreve a pedir a su esposa el resto de los pedazos del libro roto. Es ella quien nota que su esposo ha perdido algo que necesita encontrar, y entonces le dice:

—Hombre ¿qué buscas?

—Busco algo que me interesa encontrar . . . ¿Dónde están los trozos de Biblia que anoche lancé por la ventana?

—Yo . . . , los recogí . . . , los necesito y no los quiero perder.

—Dámelos, no temas, solamente deseo saber en qué termina este relato—le dice—, quiero saber qué pasa finalmente con ese muchacho loco y desobediente que se fue de la casa y derrochó la herencia que le correspondía.

Y mientras pide los restos desechos del pedazo de Biblia, el esposo le muestra el trozo de papel ajado y roto que antes había formado parte del capítulo 15 del Evangelio según San Lucas.

Cuenta el relato que la historia del padre amante que perdona al hijo descarriado y derrochador que vuelve a casa empobrecido, arrepentido, y humillado, logró tocar el corazón del endurecido esposo, y este se convirtió a Cristo de todo corazón.

Esta historia contada por alguien, puede ser real o no, pero lo que nadie puede negar, es el impacto amoroso que, a través de las edades, la parábola del hijo pródigo ha logrado tener en los corazones de miles y tal vez millones de personas que alguna vez estuvieron tan alejados de Dios, que sus vidas corrían el riesgo de perderse irremisiblemente en el pecado y la desesperación. Según Hendriksen, el tema del capítulo quince de Lucas es "El amor anhelante del Padre por los perdidos" (*Hendriksen*, 1990, 704). En él aparecen tres relatos magistrales que así lo demuestran: "La oveja perdida", "La moneda perdida", y "El Hijo perdido". Un pastor que arriesga todo para buscar su oveja descarriada, una mujer que busca diligente su moneda extraviada, y un Padre que permanece acongojado y expectante por su hijo alejado y desorientado del hogar.

En mi primer año de seminario, cuando estudiábamos los Evangelios y las Parábolas de Jesús, frecuentemente escuchaba al profesor referirse a este capítulo como la sección de las "Cosas perdidas"; aseveración que algunos de los condiscípulos comentaban hasta jocosamente. Confieso que la primera vez que escuché ese término, captó mi atención para siempre y me hizo reflexionar profundamente en su contenido. Desde ese momento en adelante, por más de treinta años seguidos, he predicado con frecuencia de esa porción de las Sagradas Escrituras, y cada vez que tenía la oportunidad continuaba profundizando y meditando en dicho tema.

Luego de muchos años de estudio, de predicación, de trato directo con los miembros de iglesia, y con toda persona necesitada del amor de Cristo, llegué a la conclusión de que más que, "Cosas perdidas", en él se encuentra amorosamente revelada la posibilidad de salvación para cada uno de los distintos grupos de pecadores en los que pudieran dividirse los perdidos de este mundo. Por eso pienso que más bien podría llamársele el capítulo de los pecadores salvados, o, en todo caso, de las "Cosas salvadas".

Por esa causa, después de mucha meditación y análisis, elaboré una serie de sermones sobre esta sección de Lucas. En principio, el objetivo fundamental estaba centrado en una semana enfocada a rescatar a los hermanos que, por diferentes razones, se habían separado de la congregación—lo que comúnmente solemos llamar: "Plan rescate"—. En cada persona, y en toda congregación que escuchaba estos temas, pronto se notaba el tremendo impacto espiritual de estos mensajes, así que, de allí en adelante, donde quiera que iba los exponía como semana de reavivamiento espiritual para toda la iglesia. Pero además, cada vez que los predicaba, observaba cómo decenas de inconversos eran atraídos definitivamente al amante pastor de toda la humanidad, al bueno y amante Jesús; y finalmente, decenas y decenas de esos inconversos terminaban siendo bautizados para formar parte activa del pueblo de un Dios que siempre nos ama.

Inicialmente predicaba estos temas bajo el título: "Salvados por el amor"; presentando la serie dividida en ocho unidades tituladas: "Rescatados por el amor", basado en la parábola de "La oveja perdida" (Lc. 15:1-7); "Encontrados por el amor", fundamentado en la parábola de "La moneda perdida" (Lc. 15:8-10). Y seis temas derivados de la parábola del "Hijo perdido", los cuales se titulan: "Desinteresado amor" (Lc. 15:11-12); "Carentes de amor" (Lc. 15:13); "Colapsados sin el amor" (Lc. 15:14-16); "Atraídos por el amor" (Lc. 15:17-19); "Justificados por el amor" (Lc. 15:20-24); e, "Incondicionadamente amados" (Lc. 15:25-32). Pero, actualmente expongo estos mensajes guiado por el título del último sermón: "Incondicionalmente amados", el cual, al modo de ver de este expositor, cuadra de un modo más impresionante con el sentido de las tres parábolas.

Dichos títulos, tratan los siguientes temas en particular: amor salvador, amor redentor, amor liberador, amor propio, justicia propia, arrepentimiento y confesión, perdón y justificación, y el incondicional amor de un Dios que, sin tener en cuenta cuán lejos hayamos ido, o cuán distante sea nuestra situación personal con él, hace todo lo posible para atraer nuestra atención y lograr nuestro arrepentimiento. La realidad es que en un solo capítulo Lucas registra tres de las más ilustrativas historias conocidas acerca del plan rescate que Jesús trazó para salvar a la humanidad perdida. Y que cada una de ellas presenta diáfanamente alguno de los diferentes grupos de perdidos que comúnmente existen en el mundo; y lo que el amante y amoroso padre celestial es capaz de hacer para que ninguno se pierda. Por esta razón, los temas presentados bajo este título, tratan de exponer cada uno de los aspectos que, a juicio del autor, sobresalen en estas tres significativas parábolas.

Puede afirmarse que una de las más grandes necesidades del mundo actual es el amor, pero no el amor común y corriente entre dos individuos, sino el amor desinteresado de alguien que está dispuesto a amarnos como somos, donde estamos, e independientemente de nuestras decisiones. Ese es el amor de Jesús, el verdadero autor de las tres parábolas registradas en el capítulo quince de Lucas.

Ojalá este libro, de algún modo, pueda ser útil para atraer y llevar a Jesús a quienes viven extraviados y deambulan hoy por la vida sin esperanza y sin salvación. O, para fortalecer en la fe a quienes ya hemos encontrado el camino de la redención. Y, que de ese modo, todos podamos encontrar en estas páginas, fortaleza para seguir transitando el camino hacia la casa del padre; y, que además, cada uno de estos mensajes ayude a conducirnos a descubrir el inmenso amor con que el padre nos ama.

Es el deseo sincero del autor que todos podamos alejarnos del extravío moral, y de las caídas espirituales que tanto daño pueden causar a los hijos de un Dios que lo dio todo para salvarnos porque nos ama más que a "la niña de sus ojos" (Zac. 2:8).

CAPÍTULO 1

RESCATADOS POR EL AMOR

El jueves 5 de agosto de 2010, el mundo entero, hasta el último rincón, fue conmovido por una noticia sin precedentes en la historia de los accidentes laborales a nivel mundial: A causa de un imprevisto derrumbe en la mina San José, en Chile, 33 mineros acababan de quedar sepultados a la escalofriante profundidad de alrededor de 700 metros; el terrible hecho había ocurrido aproximadamente a las 14:05 (GMT-4) de ese mismo día. Los medios noticiosos, dándole una cobertura total, esparcieron la trágica noticia hacia todas direcciones. Y desde el primer instante millones de personas en todo el mundo estuvimos atentos a lo que ocurría en aquél país.

La primera pregunta parecía la más lógica: ¿Habrá alguien con vida? La profunda desesperación de los familiares y amigos de las víctimas, la preocupación innegable del gobierno de Chile, de empresarios, de medios de comunicación, y el interés indiscutible de todos cuantos fuimos informados de aquél acontecimiento; volcaron la atención de todo un planeta hacia aquella lejana, y antes insignificante, parte del mundo.

El domingo 22 de agosto, aproximadamente diecisiete días después del accidente, se supieron las primeras noticias acerca del estado físico de los desaparecidos trabajadores: ¡una simple mancha de pintura roja en la superficie de la sonda enviada a ellos desde arriba, pintada por quienes habían quedado sepultados vivos, alentó en los rescatistas la esperanza de vida! Y poco tiempo después, el presidente de Chile, Sebastián Piñera, comunicaba a todo el mundo el primer mensaje completo recibido desde el fondo de la mina: "Estamos bien en el refugio los 33."

Desde ese instante el mundo seguiría con profundo interés, día a día y minuto a minuto, el rescate que poco tiempo después se convertiría, probablemente, en el más audaz y costoso de la historia humana. Alrededor de 70 días después del terrible suceso, el miércoles 13 de octubre, Florencio Ávalos, primer minero rescatado, llega al "Campamento Esperanza" creado en la superficie de la mina inmediatamente después del desastre. El logro alcanzado por la ingeniería y la tecnología modernas, habla acerca de la realización de un descomunal acto de amor contemporáneo; el cual, sin escatimar los costos,—La operación, según los medios oficiales, se efectuó al insospechado precio de US $10-20 millones—, hizo bien claro al mundo el valor de un ser humano (*Wikipedia*).

Pero Jesús dijo: "Pues si vosotros, siendo malos, sabéis dar buenas dádivas a vuestros hijos, ¿cuánto más vuestro Padre que está en los cielos dará buenas cosas a los que le pidan? (Mt. 7:11). De modo que este costoso, arriesgado, y sorprendente rescate, palidece ante el precio, el riesgo, y la trascendencia, del salvamento realizado por Jesús en la cruz del Calvario. Antes que este rescate ocurriera en Chile, la humanidad conoció de un rescate mucho más significativo, supo de una liberación que habría de salvar a más de 33 hombres; porque, luego de abrir una oportunidad para cada ser humano perdido, también salvaría a millones de seres humanos en toda la redondez de la tierra y a todo lo largo de la historia humana. Y no solo eso, sino que además, la muerte de Cristo en la cruz del Calvario rescataría para siempre al universo entero del dominio de Satanás y su hueste diabólica.

Por ello, mientras Jesús vivía y trabajaba en esta tierra, anunciaba continuamente su interés de que todos comprendieran el inmenso amor de Dios por todos los pecadores. Se preocupaba de mostrar lo más didácticamente posible el definido objetivo de explicar a las multitudes el costo real y la inmensa dimensión del rescate humano que se ejecutaría en la cruz del Calvario, en la cual, toda la deidad estaba comprometida por amor.

También Jesús exponía lecciones maravillosas acerca de su inmenso amor por la especie humana alejada y perdida en las recónditas trampas de un mundo que se derrumba cada día más a causa del vicio, la degradación moral, y el pecado. Exhortaba a una humanidad condenada a la desaparición física real por causa de la rebelión del hombre, la cual, enfrenta el peligro inminente de la perdición eterna, y desconoce el modo de encontrar por sí misma el camino a la salvación. Él deseaba que todos comprendieran su verdadero interés por cada alma en riesgo de perderse, y quiere que aceptemos el rescate que aún nos ofrece. Es por esa razón que relata la parábola de "La oveja perdida" registrada por Lucas.

El doctor Lucas, habiendo investigado y analizado minuciosamente la vida de Jesús (Lc. 1:1-4), justamente en la misma introducción del capítulo 15—denominado "De las cosas perdidas"—, y antes de registrar la parábola de "La oveja perdida", indica cuidadosamente a quiénes iban dirigidas aquellas enseñanzas; de modo que, comienza así de simple: "Se acercaban a Jesús todos los publicanos y pecadores para oírle, y los fariseos y los escribas murmuraban, diciendo: Este a los pecadores recibe, y con ellos come" (Lc. 15: 1-2).

Inmediatamente esos dos primeros versículos, muestran la existencia de dos significativos grupos de pecadores, exponen de forma clara cuatro clases de impenitentes involucrados como parte esencial de los destinatarios de los preciosos mensajes y de todas las enseñanzas que involucrarían al capítulo 15 de Lucas. En el cual se definen algunos aspectos interesantes acerca de dichos grupos, aspectos que coexisten con el plan de Jesús de salvar a los perdidos, y del inmenso amor de Dios por la rebelde humanidad. De ese modo, con solo un par de versículos, Lucas garantiza la posibilidad real de salvación para quienes se han alejado de Dios de manera absoluta y aparentemente definitiva; y aún para cuantos, en oposición abierta a los amorosos llamados de un Dios de amor, ignoran su propia condición espiritual, y se niegan a realizar la obra que Dios les ha encomendado. Por lo que Lucas, desde el mismo primer instante, deja bien claro, cuál es el verdadero sentido del amor perdonador de un Dios que ama a todos por igual.

Cuando Jesús relató las tres parábolas del capítulo 15 de Lucas, tenía ante sí a los dos grupos de pecadores mencionados por Lucas: "Los publicanos y pecadores", quienes, para escribas y fariseos, representaban las dos peores clases sociales que ellos podían percibir en medio de aquella sociedad profundamente religiosa. Y, "Los escribas y fariseos", quienes, desde hacía mucho tiempo, se habían constituido en Jueces de todos, y en presuntos modelos e intérpretes de la verdadera religión. No obstante, Jesús se refiere primero a su amor por, el, aparentemente, más alejado de los dos grupos, el de "Los publicanos y pecadores".

¿Quiénes eran los "publicanos" y "pecadores", y a qué se dedicaban? ¿Por qué eran tan despreciados, y hasta odiados por los "escribas" y "fariseos"? El griego usado en el original da lugar a interpretar que "publicanos y pecadores" constituían dos grupos diferentes de personas (*Francis D. Nichol y Asociados*, 1978-1990, vol. 5, 794).

Desde tiempos remotos los "publicanos" eran individuos muy odiados y despreciados por los judíos; tres aspectos fundamentales los convertían en personas indignas en aquella época: cobraban los impuestos del censo, lo cual constituía un ultraje en Israel, porque les obligaba a reconocer que Roma los había sometido. Además, recaudaban el gravamen sobre la propiedad; tributo espiritualmente muy insultante, porque ellos reconocían a Dios como único dueño y Señor de todo cuanto existe. Y lo más vergonzoso de todo: los publicanos eran vistos como ladrones, porque siempre cobraban más de lo debido para extraer exorbitantes ganancias para ellos. Por esa razón, eran considerados como pecadores aborrecibles, y tratados con un desprecio y una repugnancia tal, que tanto escribas como fariseos, les negaban, incluso, hasta la más mínima posibilidad de redimir sus pecados (*Ibid*, 796).

También en ese primer grupo estaban los "pecadores", la segunda categoría de descarriados aludida por Jesús y registrada por Lucas. Este conocido conjunto lo integraban las prostitutas, los adúlteros, y los parias de la sociedad, y hasta cualquier persona que no fuera judía; porque escribas y fariseos repudiaban, aún, a quienes no eran de la misma nacionalidad que ellos. Por lo tanto, "publicanos y pecadores eran vistos como gente muy despreciable para quienes se consideraban a sí mismos como santos e impecables. Pero esa no era la única categoría de potenciales perdidos presentada por Jesús, evidentemente el capítulo 15 de Lucas no presenta una, sino dos categorías de perdidos: quienes se pierden fuera de la iglesia, y quienes se extravían dentro de ella, en este caso, escribas y fariseos. Para Jesús, ambos grupos están igualmente en problemas.

Pero la primera parábola que presenta va dirigida al primer dúo, el de los "publicanos y pecadores". El de los extraviados fuera de la iglesia. Es así como Jesús, amorosamente, comienza a relatar la dramática historia de la oveja extraviada registrada en el capítulo 15 de Lucas: "¿Qué hombre de vosotros, teniendo cien ovejas, si pierde una de ellas, no deja las noventa y nueve en el desierto, y va tras la que se perdió, hasta encontrarla? Y cuando la encuentra, la pone sobre sus hombros gozoso; y al llegar a casa, reúne a sus amigos y vecinos, diciendo: Gozaos conmigo, porque he encontrado mi oveja que se había perdido. Os digo que así habrá más gozo en el cielo por un pecador que se arrepiente, que por noventa y nueve justos que no necesitan de arrepentimiento" (Lc. 15:4-6). De ese modo tan sencillo

Jesús ilustra su inmenso amor por los pecadores, por aquellos del primer grupo, tan corrientemente despreciados y abandonados de todos.

En la parábola de: "La oveja perdida", presenta una vívida descripción de su amor salvador por los seres humanos que están perdidos en el árido desierto de la vida, y que además, están enredados entre los espinos y cardos de los vicios y pecados, o viven su vida sin que los hombres los consideren con posibilidad alguna de salvación. Él mismo había dicho: "No he venido a llamar a justos, sino a pecadores" (Mr. 2:17). Y en aquella época les describe escenas que también hoy pudieran ocurrir a cualquiera, y en cualquier momento y lugar de este mundo. Porque son actos que reflejan las enormes necesidades humanas hasta que él venga; y el interés de Dios, mientras dure la gracia ofrecida a la humanidad, por salvar a todos de una perdición inminente y de consecuencias eternas. Dejando en claro que, no somos nosotros quienes lo buscamos a él, sino que es Dios quien siempre toma la iniciativa a favor del pecador perdido.

Por esa razón, algunos han comentado con mucha certeza: "La efectividad de la salvación no consiste en que nosotros busquemos a Dios, sino en que él nos busca a nosotros. Podríamos buscarlo eternamente por nuestros propios medios, pero jamás lo encontraríamos. Cualquier enseñanza que afirme que el cristianismo no es más que un intento humano para encontrar a Dios, pasa completamente por alto el hecho de que Dios es quien busca al hombre" (*Francis D. Nichol y Asociados*, 1978-1990, vol. 5, 796).

De ese modo, Jesús distingue en "publicanos y pecadores" a la inmensa mayoría de los seres humanos, al grupo de extraviados más numeroso de todos cuántos nos rodean: "Los extraviados fuera de la iglesia"; y muestra de inmediato escenas que ponen de manifiesto algunos de los aspectos más significativos acerca de su trato con este cúmulo especial de hijos descarriados. Entre cuyas circunstancias, la primera que se muestra es la maravillosa escena de "Su amor indescriptible por los pecadores extraviados".

Su indescriptible amor

La escena del pastor que busca a su oveja perdida a cualquier costo posible, es una escena totalmente conmovedora, en ella Jesús describe la imagen de un pastor que arriesga a noventa y nueve de sus ovejas para salir a buscar a una oveja desobediente y descuidada que se ha extraviado.

Esta amorosa imagen de la parábola presenta el primer aspecto importante acerca del trato de Jesús con la humanidad caída y alejada de él: "El indescriptible amor por una oveja que se extravió porque quiso"; de ese modo, la impresionante imagen de un pastor que es capaz de arriesgar su vida para salvar a una simple oveja que se ha descarriado voluntariamente, se convierte en el símbolo principal del interés de Dios por quienes están perdidos en los peligros de la mundanalidad.

Amorosamente comienza a relatar la dramática historia de la oveja perdida. Cuyo primer acto muestra el amor del pastor por una oveja que se ha extraviado en algún apartado lugar de los desiertos o montes de la vida: "¿Qué hombre de vosotros, teniendo cien ovejas, si pierde una de ellas, no deja las noventa y nueve en el desierto, y va tras la que se perdió? (Lc. 15:4).

Se ha escrito mucho acerca de la inseguridad y la dureza del trabajo de los pastores de Judea, donde había poco pasto, y montañas escarpadas llenas de abismos y peligros conducían directamente al árido desierto, en el cual las ovejas deambulando sin rumbo sucumbían fácilmente a los peligros que las acechaban (*Barclay*, 107). George Adam Smith escribió un comentario muy interesante acerca de la dedicación de los pastores de Judea, y por qué fueron tomados como símbolo inequívoco del amor y la constancia por alguien que está necesitado y en peligro de muerte: "Cuando le encuentras en algún cerro en el que aúllan las hienas, insomne, con la vista acostumbrada a la lejanía, curtido por el tiempo, armado, apoyado en el cayado y siguiendo con su mirada a las ovejas esturreadas, con cada una de ellas en el corazón, comprendes por qué el pastor de Judea saltó a la cabeza en la historia de su pueblo; por qué dio su nombre a los reyes, y se convirtió en un símbolo de la Providencia; por qué Cristo lo tomó como prototipo del sacrificio" (*Ibid*).

De todo ese apasionante panorama se desprende la ilustración de Jesús, en la cual, es indiscutible que no alude exclusivamente a su amor por esta pobre y triste oveja que se ha extraviado; sino que además, refiere su disposición a arriesgarlo todo por salvar a la descarriada criatura humana. Es curioso que muchas veces, como dice el himno, cantamos: "Las noventa y nueve dejó en el aprisco"; y no percibimos que, aunque no las abandonó—Mateo sugiere que las dejó en los montes, tal vez no tan peligrosos (Mt. 18:12)—, pero por lo menos, de algún modo, las arriesgó. Porque la esencia del amor de Dios, es que siempre está dispuesto a arriesgar todo por salvar a una sola alma perdida. Y también, al tomar el símbolo de una oveja, alude a la necesidad que todos tenemos de ser pastoreados continuamente.

Cuando yo era niño, coleccionaba algunas tarjetas pequeñas, las cuales cada trimestre acompañaban a las enseñanzas infantiles de la iglesia, las enviaban quienes dirigían la educación cristiana de las clases para menores de la iglesia, para ayudar a los niños a comprender mejor las lecciones que se les querían enseñar; y aún no he olvidado aquella que mostraba la escena de "Jesús el buen pastor". En ella se podía contemplar a Jesús cuando cargaba sobre sus hombros a una pequeña ovejita acabada de rescatar de entre los zarzales y malezas, donde, sin lugar a dudas, habrían encontrado una muerte segura. Cuando miraba a Jesús que cargaba a la oveja sobre su hombro, o sobre su pecho, me veía a mí mismo rescatado por Jesús; y me gustaba pensar que a los cristianos se nos considera ovejas por lo bueno que somos. ¡Cómo nos gusta a todos creer que somos buenos! A veces encuentro personas que me dicen: Pastor, pero ¿de qué tengo que arrepentirme, si nunca he hecho nada malo, y jamás le hago daño a nadie? Y cuando escucho declaraciones como esas, recuerdo a mis ancestros paternos.

Mi padre había tenido una conversión realmente milagrosa: Cuando él tenía 18 años de edad, su padre murió y él quiso liberarse de las exigencias familiares que le obligaban todavía a cumplir con ciertas reglas de convivencia. Pero una vez liberado de la tutela familiar, se entregó por completo a la mundanalidad, los vicios, y las malas compañías. Y a partir de ese momento se alejó de su familia durante casi veinte años, los cuales pasó bebiendo, fumando, drogándose, y de un modo u otro participado en distintos delitos de mayor o menor gravedad; a los treinta y seis años ya había tenido treinta y dos juicios. Y su conducta lo había conducido a ser considerado por la sociedad como una lacra social. Sin embargo, fue precisamente en ese instante cuando conoció a Jesús y decidió aceptarlo como su salvador personal; y ese cambio afectó su vida para siempre.

Pero a pesar de ese milagro moderno, durante más de medio siglo ningún miembro de su familia aceptó realmente a Cristo; y todo, porque él venía de una familia que generalmente se consideraban buenos a sí mismos. Incluso, algunos llegaron a decirme: "La religión salvó a tu padre que estaba perdido, pero nosotros, ¿de qué tenemos que arrepentirnos? ¿Qué mal hemos hecho que merezca un arrepentimiento? No robamos, no matamos, no dañamos a nadie; la religión es para quienes, como tu padre, estaban perdidos irremediablemente en el mundo". Realmente, ellos se creían buenos, pero no eran un caso exclusivo, porque esa es generalmente la tendencia humana. Por esa razón, cuando leemos que Jesús nos compara con una oveja, posiblemente lleguemos a creer que somos el prototipo de la mansedumbre.

Sin embargo, está claro que Jesús está tratando de oveja a alguien que se ha perdido, y ese alguien no está perdido porque es un inmaculado, noble, y manso santito. Estudiando y analizando algunas de las características naturales de las ovejas, más tarde comprendí que la realidad es totalmente otra: La verdad es que cuando se nos compara con ovejas, no es porque somos buenos, ni porque merecemos algo, ni siquiera porque somos tan mansos como ellas lo son, porque la experiencia demuestra todo lo contrario; sino que, se nos compara con ovejas, porque como ellas necesitan continuamente un guía, un pastor que las guíe, nosotros también lo necesitamos a cada paso que damos.

Las ovejas son casi ciegas, y por lo tanto, su poca visión les impide descubrir los peligros que continuamente las acechan; y, además, carecen casi totalmente de agudeza olfativa para percibir el peligro a la distancia. Las asusta el más mínimo ruido, o cualquier movimiento extraño; experiencia que también se observa casi en cualquier iglesia: las ovejas de Cristo se asustan casi por cualquier motivo; parece increíble cómo el más mínimo ruidito alarma a las ovejas e inmediatamente se percibe en derredor un murmullo casi generalizado. Como ellas tienen tan escaso olfato, no son capaces, como otros animales, de orientarse por sí mismas y retornar nuevamente a su redil, entonces, necesitan la ayuda continua de alguien que las guíe.

Y es cierto, a veces los hijos de Dios tenemos problemas para distinguir entre lo bueno y lo malo, entre lo que daña y lo que beneficia, y algunos, casi alcanzados por el peligro, no lo percibimos todavía; manifestamos como una especie de ceguera espiritual. Es por esa razón que, como las ovejas, necesitamos un pastor que nos guíe hacia el redil salvador y protector. Por esa causa Jesús disculpa y ama a la oveja que se extravía, porque sin su ayuda nadie puede desenredarse y encontrar el redil protector. La oveja no es autosuficiente, sino más bien es una criatura dependiente de su pastor. Y así somos nosotros.

Podríamos imaginar cómo se sentiría un pastor pastoreando perros, con esa visión tan especial que tiene la especie canina, y sobre todo, con ese olfato tan privilegiado con que Dios los dotó, el cual, casi siempre desarrollan a plenitud. Indiscutiblemente, los perros no necesitan ser pastoreados, porque por sí mismos son capaces de solucionar la mayor parte de sus necesidades vitales. Pero las ovejas no son autosuficientes, ellas necesitan continuamente de alguien que las guíe y las conduzca por lugares seguros. Siempre necesitan andar en rebaños para sentirse protegidas, y tienen que tener un pastor que las guíe y las rescate cada vez que se extravíen.

Todavía recuerdo cuando un hermano de la iglesia me invitó a su casa en el campo: Una tarde, me llevó a su finca y me pidió que le ayudara a encerrar su rebaño en el corral donde lo aseguraba durante la noche. Mi trabajo consistía en retirar un palo, el cual, a poco más de medio metro del suelo, impedía la entrada libre de los animales al establo. Pero mi tardanza en tomar posición antes que las distraídas ovejas llegaran al lugar, produjo un hecho ilustrativo acerca del comportamiento de estos desprevenidos animales: en el mismo instante que retiraba el madero de la puerta, aparece el rebaño a toda carrera y la oveja guía pega un salto, se esfuerza lo más que puede, y alcanza a saltar justo después de quedar totalmente abierta la entrada al redil. Inmediatamente, como guiadas por una computadora, casi todas realizaron el mismo salto; aunque la puerta estaba totalmente abierta, todos pudimos contemplar cómo la mayoría de las ovejas repetían la misma acción y caían al suelo atropellándose unas a otras.

Es por eso que Jesús les cuenta de alguien que se pierde a causa de su ignorancia personal, de su escases de vista y olfato para ver el peligro; alguien, que no es capaz de actuar correctamente por sí sola. Una tímida oveja que comprende perfectamente su situación de extravío, pero que al mismo tiempo es incapaz de retomar el camino de regreso a casa. Elena G. de White comenta: "La oveja perdida representa al pecador individual y al mundo en general" (*Deseado de todas las gentes*, 1981, 149). Es evidente que el propósito de Jesús no es justificar ante escribas y fariseos la condición de aquellos que ellos continuamente repelían y consideraban sin derecho al cielo, pero sí deseaba mostrarles la ignorancia del pecador, y la irrevocable necesidad de alguien que los ayudara a encontrar el camino a la salvación.

Con esa parábola Jesús les muestra un pastor que ama y busca al que está perdido, un obrero que reconoce en una oveja algo más que un insignificante animal, alguien que es capaz de intuir una pérdida significativa en el extravío de una intrascendente oveja; no solo porque la ama de verdad, sino además, porque ahí va todo lo que él representa para aquél que le confió su rebaño. Uno que corre en busca de la infortunada oveja y lucha hasta encontrarla, y quien, a pesar de su amor por todo el rebaño, es capaz de arriesgar las noventa y nueve para encontrar a la que se perdió. La historia de la inmensa ternura y compasión de un pastor que es capaz de arriesgar todo un rebaño para salvar a una oveja que se perdió porque quiso, ilustra que nadie es tan insignificante que no merezca ser buscado y hallado. La Palabra de Dios demuestra que él habría venido, incluso, por "una sola alma" (*Whithe 1981, 96*).

Pero no solo ilustra el interés del pastor por una oveja, y su tremendo interés por encontrarla, sino que, también les hace ver su sacrificio por esa oveja perdida. Por lo tanto, la segunda escena de esta parábola ilustra "Su enorme sacrificio por los pecadores perdidos".

Su enorme sacrificio

Es por esa razón que la segunda escena es mucho más sorprendente que la primera, y muestra un aspecto bastante más significativo, una acción tan grande, que va más allá del amor y llega al sacrificio mismo por parte del pastor. El profundo amor por la oveja manifestado en el versículo anterior, se sublima de tal modo que parece incomprensible al ser humano normal; porque Jesús declara, "Su enorme sacrificio por una oveja extraviada": "Y cuando la encuentra, la pone sobre sus hombros gozoso" (Lc. 15:5).

Es una escena tal, que en ella se observa a ese preocupado y amoroso pastor sacrificándolo todo para salvar a la oveja que se ha perdido. Con la tierna escena del pastor poniendo sobre ambos hombros a su recuperada oveja, contrasta lo relatado por el Pastor Roy Allan Anderson en su sermón titulado, "El llamado del pastor", pronunciado en el año 1951 ante muchos de los pastores de aquella época: Cierta vez en Australia—decía él—, un turista manejaba tranquilamente por las carreteras de ese país. Y sucedió que mientras disfrutaba de los hermosos paisajes de aquél lugar, próximo a la vía, alcanza a ver un rebaño de ovejas que se acerca. En Australia—contaba Anderson—, esa es una escena común, pero lo que hizo al turista detener su vehículo fue el modo como eran conducidos aquéllos inocentes animales: un hombre, mientras los arriaba, vociferaba, golpeaba, apaleaba, y atropellaba a las asustadas ovejas que conducía.

—Eh . . . , oiga . . . ,—intervino el turista—, un pastor no maltrata a las ovejas de ese modo.

—Y . . . ¿Quién le dijo que soy el pastor?—Replicó el que apaleaba al rebaño—, soy el carnicero, y las llevo directo al matadero (*Anderson*, 1951).

A menudo, recuerdo la contrastante y tierna imagen del cuadro de: "Jesús inclinado por encima de espinos y rocas escarpadas, que rescata a una oveja extraviada que no sabe cómo retornar al redil". Es una pintura que describe el amor mutuo que ambos sienten el uno por el otro: él, rescatándola, la mira con ternura y compasión, ella, enredada, y desde el fondo del abismo, lo mira a él con profunda esperanza de ser salvada. Ambos por fin se encuentran. Él podría recriminarla, pelearle, y maltratarla por todo el riesgo y el esfuerzo adicional causado al pastor, y además, por todo el tiempo invertido a causa de la desobediencia. Pero ahí está ella, parada ante él, como si no hubiera sucedido nada malo, como si nada significativo ocurriera. Entonces él, compasivo, la toma entre sus brazos con amor y ternura; y luego, con frases de amor y simpatía la pone sobre sus hombros; y regresa a encontrarse con las noventa y nueve que dejó atrás.

Durante mi largo pastorado, de alrededor de treinta años, he meditado mucho en esta escena. Me crié en el campo, de niño me relacionaba con éstos tímidos animalitos; y aún recuerdo el olor penetrante de las ovejas. Aunque son muy limpias, no pueden evitar ensuciar sus patas, o sus cuerpos, con los restos de ciertas suciedades y desechos. Por lo regular, descansan en un establo que huele a oveja, y ellas, por mucha limpieza que haya, casi siempre huelen a establo.

Por medio de la parábola Jesús nos da la oportunidad de meditar en ese pastor que sin miramientos toma a la oveja perdida y la pone sobre sus hombros alrededor de su cuello; es una oveja que no huele bien, pero sin importarle el olor penetrante de la oveja, el pastor es feliz poniéndola sobre él y soportando su olor y hasta su peso. He visto perfumes de casi todas las fragancias naturales que el hombre ha descubierto: de rosas, de jazmines, y de casi cualquier sustancia que resulte agradable a la fina percepción humana, pero nunca he visto en ninguna tienda un frasco que diga: "Perfume de oveja". Porque ese no es el olor que prefiere la gente; pero al amante pastor no le molesta a qué huele su oveja, la rescata, la pone sobre sus hombros, y retorna feliz a reunirse con el resto del rebaño.

A pesar del olor penetrante de la oveja, por cansado que esté, no le importa cargarla, ni le preocupa que no huela bien, ni tampoco lo agota su peso; porque no la considera una carga, y porque su enorme amor por ella lo obliga a soportar cualquier pena con tal de rescatarla de una muerte segura. Tolera todo con tal de evitar la pérdida que significaría no lograr el rescate de la amada ovejita. Es por eso que "la pone sobre sus hombros" y regresa feliz con ella. Entonces vuelve a tener cien ovejas, el número se completa, y él es feliz.

Cuando analizo esta escena, y miro a la oveja conducida por Jesús, no puedo menos que recordar las palabras del rey David: "Jehová es mi pastor nada me faltará. En lugares de delicados pastos me hará descansar; junto a aguas de reposo pastoreará" (Sal. 23:1-2), no puedo evitar la comparación que surge de semejante cuadro de amor. Puedo imaginar un paisaje mucho más hermoso: puedo ver a Jesús cargándome a mí, y a cualquier ser humano que ha estado en problemas. Pienso muchas veces: ¿A qué olemos nosotros? ¿Le gusta a Jesús nuestro olor? ¿Nos rechazaría, como lo hacen quienes no comprenden el amor de Dios, o sencillamente, nos perdona y nos da una nueva oportunidad? ¿Qué puede justificar nuestro tonto comportamiento para que él nos ame tanto y nos trate así de bien?

Pero Jesús no solamente nos ama tanto que nos acepta tal y cual somos, sino que él murió por nosotros. "Porque de tal manera amó Dios al mundo, que ha dado a su Hijo unigénito, para que todo aquél que en él cree, no se pierda, mas tenga vida eterna" (Jn. 14:1-3). Para Jesús nunca hueles tan mal que no te quiera cargar, y nunca pesan tanto tus cargas que no te quiera llevar; él siempre está dispuesto a ponerte sobre sus hombros sin tomar en cuenta que huelas mal, o si tus faltas pesan mucho. Por esa razón nos llamó del modo más íntimo y prometedor: "Venid a mí todos los que estáis trabajados y cargados que yo os haré descansar" (Mt. 11:28). Y David asegura: "Tu vara y tu cayado me infundirán aliento" (Sal. 23:4).

Pero aún no es suficiente, Jesús ama aún a una sola oveja que se extravíe, se sacrificó por todos los pecadores, e incluso lo habría hecho por una sola alma. Elena G. de White escribió: "El amor divino habría impulsado a Jesús a hacer su gran sacrificio aunque hubiera sido en beneficio de un solo pecador" (*Palabras de vida del Gran Maestro*, 146, 154-155).

Pero además de todo esto, este abnegado pastor, por encima del amor, y más allá de su desprendido sacrificio, también se goza cuando alguien es rescatado de las garras de Satanás; entonces se le ve feliz y satisfecho de haber salvado a la oveja perdida, y hace saber al universo entero el indescriptible gozo que siente cuando una oveja es rescatada de los peligros del mundo, de las amenazas del León Rugiente, que anda buscando a quién devorar (1 P. 5:8). Dando lugar así, a una de las más hermosas y satisfactorias escenas del plan de la redención humana.

Su inmenso gozo

Por eso, la tercera escena para muchos puede resultar sorprendente, porque, a pesar del esfuerzo realizado para encontrar a la oveja descarriada, y del sacrificio efectuado para rescatarla, también describe una de las mayores y más increíbles escenas de gozo y felicidad: "Y al llegar a casa, reúne a sus amigos y vecinos, diciéndoles: Gozaos conmigo, porque he encontrado mi oveja que se había perdido" (Lc. 15:6).

Tal vez pueda parecer una acción loca y descabellada, pero más que eso, representa el más valioso cuadro de amor jamás contemplado en este mundo en rebelión, donde rescatar a un pecador, es un milagro que solamente ocurre cuando Jesús encuentra a quien está perdido. El amante y sacrificado pastor no se conforma con todo el esfuerzo realizado y el tiempo invertido en el rescate que acaba de realizar. Ahora, está decidido a invertir más de su tiempo y de sus energías, y tal vez hasta de sus recursos financieros. Lo único que tiene sentido para él, es que la oveja perdida ya está a salvo junto al rebaño.

Por eso llega a su casa e invita a amigos y vecinos para celebrar juntos por una oveja cabeza dura y desobediente, tal vez pendenciera, que se perdió porque quiso, y que ahora ha sido hallada. Muchas veces he meditado en esta hermosa escena, y he analizado el hecho desde una perspectiva realista; de cuyo análisis se podrían desprender algunos razonamientos lógicos: ¿Cuánto vale una oveja? ¿Cuál es su precio real? Por ejemplo, calculemos lo siguiente:

En mi país, si comparamos el valor monetario de una oveja con otros precios del mercado, el importe de una oveja no es tan elevado, ni una oveja es tan importante. Si alguien encontrara a una oveja perdida en estos tiempos de tantos problemas y vicisitudes, y luego invitara a todos sus amigos y vecinos con el pretexto de celebrar el hecho de haber hallado a su oveja extraviada, parecería ridículo; con los enormes problemas que hoy aquejan a los seres humanos muy pocas personas se solidarizarían con un acontecimiento que apenas les parecería significativo. Y si el dueño de la oveja encontrada les propusiera celebrar de un modo más llamativo, entonces el gasto causado por dicha fiesta, sería mucho mayor que las ganancias obtenidas del rescate de la oveja. Puede que en muchos otros lugares del mundo suceda lo mismo.

Es por ello que la historia infiere que la ganancia del regocijado pastor no está solamente en el incremento económico que pudiera derivarse del hecho del rescate realizado, sino más bien en el gozo que se desprende de una realidad moral basada en un amor sin límites, y a prueba de los mayores rechazos y descuidos que jamás recibió persona alguna sobre la tierra: "Despreciado y desechado entre los hombres, varón de dolores, experimentado en quebranto; y como que escondimos de él el rostro, fue menospreciado, y no lo estimamos. Ciertamente llevó él nuestras enfermedades, y sufrió nuestros dolores; y nosotros le tuvimos por azotado; por herido de Dios y abatido. Más él herido fue por nuestras rebeliones, molido por nuestros pecados; el castigo de nuestra paz fue sobre él, y por su llaga fuimos nosotros curados. Todos nosotros nos descarriamos como ovejas, cada cual se apartó por su camino; más Jehová cargó en él el pecado de todos nosotros" (Is. 53:3-6).

Es significativo que algunos predicadores, recomiendan leer este pasaje dándole un énfasis más personal, y aseguran, que si lo leyéramos de ese modo, apreciaríamos mucho mejor lo que Jesús hizo por cada uno de nosotros. Invitan a que todos leamos esos versículos del siguiente modo: "Despreciado y desechado entre los hombres, varón de dolores, experimentado en quebranto; y como que escondí de él mi rostro, fue menospreciado por mí, y no lo estimé. Ciertamente llevó él mis enfermedades, y sufrió mis dolores; y yo le tuve por azotado; por herido de Dios y abatido. Más él herido fue por mis rebeliones, molido por mis pecados; el castigo de mi paz fue sobre él, y por su llaga yo fui curado. Yo mismo me descarrié como oveja, y me aparté por mi camino; más Jehová cargó en él todos mis pecados".

Parece obvio que el profeta Isaías no está pensando en finanzas, ni en ganancias materiales, sino en el tierno e inmenso amor que Dios siente por sus hijos descarriados; un amor tan puro que sale de lo más íntimo del corazón de un Dios que "es amor", y cuyo amor lo conduce a dar su vida, aún, por aquellos que lo están matando. De ese modo, si tenemos en cuenta que en la parábola de "La oveja perdida" muchas veces imaginamos a Jesús cargando en sus brazos a un tierno y descuidado corderito; también podríamos percatarnos de que la búsqueda de la oveja perdida, más que un asunto financiero, se produce como el resultado directo del amor que el amante pastor siente por cada una de sus ovejas.

Es por eso que este gozo, esta fiesta que anuncia el alegre pastor, en la cual invita a participar a todos sus vecinos, nos sugiere la idea de un gozo que no toma en cuenta los gastos. Parece evidente que el gasto y el esfuerzo realizado en ese sentido es mayor que las ganancias recibidas por el rescate realizado.

¡Cuán grande es el amor de Jesús por el pecador! ¡Aún por quienes permanecen perdidos fuera de la iglesia! Esta alegría ilustra la sinceridad del amor y del sacrificio que hace Dios por un pecador desobediente que se extravía. Finalmente, es una alegría tan contagiosa, que invita a todos a beneficiarse de ella; y es tan formidable ese gozo que la propia Biblia nos sugiere "Gozarnos con los que se gozan" (Ro. 12:15).

Y es tan grande y completo ese gozo, que llega al mismo cielo; y aún los seres que nunca pecaron, se maravillan de cada victoria redentora alcanzada en este mundo; dándole así un carácter universal al gozo causado por la redención de una sola alma.

Magnitud universal de su gozo

Por eso, la cuarta y última escena parece inimaginable a los humanos, porque describe el significativo aspecto de "La magnitud universal del gozo celestial por el pecador arrepentido": Jesús reflexiona, narrando esta pequeña historia que tal vez ocurría a menudo entre los campesinos de aquella época, y que sin lugar a dudas pudiera repetirse actualmente en muchos sitios del mundo; y en el último acto de la parábola de la oveja perdida, aplicándola a una escala verdaderamente universal, declara: "Os digo que así habrá más gozo en el cielo por un pecador que se arrepiente, que por noventa y nueve justos que no necesitan de arrepentimiento" (Lc. 15:7).

Jesús no solamente resalta el amor y el gozo del pastor por una simple oveja que acaba de ser recuperada, si todo quedara allí, realmente la parábola de "La oveja perdida" no tendría la menor relevancia. Pero el hecho verdaderamente revelador, estriba en la certidumbre de que en el cielo hay quienes también están pendientes de lo que pasa a cada uno de los pecadores que existen en este mundo. Jesús anuncia un interés que sobrepasa con creces la perspectiva humana: "El propósito único de la misión de Jesús en la tierra podría resumirse, sin duda, en la afirmación de que vino a revelar al Padre" (*Francis D. Nichol y Asociados*, 1978-1990, vol. 5, 796). Él mismo fue enviado a esta tierra para acercarnos el cielo a nuestro alcance, para que pudiésemos entender mejor ¡Cuán grande es el amor de Dios por la humanidad"; el ángel lo expresó muy claramente cuando afirmó: "He aquí, una virgen concebirá y dará a luz un hijo, y llamarás su nombre Emanuel, que traducido es: Dios con nosotros" (Mt.1:23).

Elena G. de White afirma que hasta los ángeles del cielo están continuamente en función de cada pecador: "Miríadas y miríadas de ángeles están listos para colaborar con los miembros de nuestras iglesias para comunicar la luz que Dios impartió generosamente para preparar a un pueblo para la venida de Jesús" (*Joyas de los testimonios*, vol. 3, 347). El cielo entero lucha por la redención de cada alma en peligro de perderse. Por esa razón, es comprensible que Jesús, revelando el interés del Padre y del cielo entero por cada uno de nosotros exprese: "Os digo que así habrá más gozo en el cielo por un pecador que se arrepiente, que por noventa y nueve justos que no necesitan de arrepentimiento". Pero alguien puede pensar: ¿Cómo puede este versículo concordar con aquél que parece señalar justamente lo contrario?: "Como está escrito: No hay justo, ni aún uno" (Ro. 3:10). Y el propio Jesús señaló "El que de vosotros esté sin pecado sea el primero en arrojar la primera piedra" (Jn. 8:7).

Parece obvio que al final de la parábola de "La oveja perdida", utilizando un ligero sarcasmo dirigido a los escribas y fariseos: "que no necesitan", contrariamente a lo que parece decir, Jesús declara que todos necesitamos arrepentirnos si deseamos producir el gozo que se genera en el cielo cuando alguno se arrepiente en la tierra. De ese modo, le da un doble significado a las enseñanzas de esta hermosa parábola: anuncia su amor por el perdido en modo particular, y por la totalidad de un mundo que se ha extraviado y corre el riesgo de perderse. Y eso concuerda con la cita que ya había mencionado al comienzo de este capítulo, la cual comenta: "La oveja perdida representa al pecador individual y al mundo en general" (*Deseado de todas las gentes*, 1981, 149). Es decir, la oveja perdida representa también a cada uno de nosotros, no existe alguien tan justo que no necesite ser rescatado continuamente por el divino pastor, y no existe alguien tan completamente arrepentido, que pueda prescindir del infinito amor y cuidado de nuestro Padre celestial. Por tanto, el rescate de cada pecador de modo individual produce un gozo infinito en el cielo. De modo que, cuando bautizo a un pecador que, arrepentido, viene a dar su testimonio público, imagino a los ángeles del cielo elevando himnos de alabanza y glorificación a Jesús que nos redimió con su sangre.

De ese modo, Jesús declara el gozo que resultará finalmente de la redención de un mundo que estuvo al borde de perderse, pero que ahora, el universo entero celebra cada vez que alguien es rescatado de las trampas del pecado. De esa manera, esta primera parábola demuestra que Jesús ama a todos, y que especialmente realizará todo esfuerzo posible para rescatar a quienes están perdidos fuera de la iglesia.

Su intenso amor por los perdidos

Es cierto que el mundo celebró con asombro el rescate de los 33 mineros chilenos atrapados por sorpresa en las entrañas de la tierra. También es verdad que un simple letrero rojo que ellos escribieron en la sonda que procuraba encontrarlos, encendió un rayo de esperanza en los rescatistas. Y es cierto que en solo 70 días el costo fue millonario. Pero una señal roja también se entreteje en toda la historia de la redención humana; un signo rojo que no fue puesto por quienes esperábamos ser rescatados, sino por el que vino a efectuar el costoso rescate; porque Jesús vino para rescatar a toda la humanidad a un precio infinitamente más elevado, porque efectuó el costoso rescate al precio del derramamiento de su propia sangre. Y la parábola del sacrificado pastor que rescata a cualquier precio a la oveja perdida lo ilustra con claridad.

De esa forma magistral y sencilla, cuatro bellas escenas pasan una tras otra por la mente de los sorprendidos oyentes: El amor del pastor por una sola oveja. El sacrificio del pastor por su oveja. El gozo del pastor por la oveja encontrada. Y el gozo universal por un pecador arrepentido. Pero esas cuatro escenas ilustran la prueba más evidente de "Su inmenso amor por los descarriados". Hoy como ayer, muchos, tal vez no comprenden que Jesús es ese pastor de la historia, "Porque de tal manera amó Dios al mundo, que ha dado a su Hijo Unigénito, para que todo aquel que en él cree, no se pierda, más tenga vida eterna" (Jn. 3:16).

Es asombroso que el mundo de hoy prefiere más lo que considera importante de acuerdo a los parámetros establecidos por la sociedad en que vivimos ahora; la fama alcanza con regularidad a quienes se destacan en algunas de las áreas del saber humano: ciencia, arte, deporte, política, o cualquier otra cosa que se les ocurra. O tal vez premiará a quienes realicen alguna hazaña que a alguien le parezca que ha trascendido los umbrales de lo que siempre se acepta como normal y corriente. La humanidad continuamente paga casi cualquier inimaginable precio por acciones que considera heroicas: tragarse una pelota de baseball, introducirse una espada por el esófago, comer candela, cortarse o traspasarse con objetos punzantes alguna parte del cuerpo, o lanzarse riesgosamente de alguna altura insospechada, o quien sabe que otra barbaridad. Al punto, que un continuo slogan de una estación radial deportiva de Cuba sostiene: "Cualquier acción realizada en el menor tiempo posible, puede ser un record". Pero, pocos son los que aprecian el enorme sacrificio realizado por aquél que vino a rescatarnos del desierto del pecado.

Sin embargo, a Jesús no le impresiona lo que para el hombre es medular. Con esta bella parábola Jesús muestra la esperanza que existe para toda persona, especialmente para quienes han caído o se han ido muy lejos; tan lejos, que a todos les parece que están perdidos, que para ellos no existe posibilidad alguna. Porque el vino a salvar a esos que viven despreciados de todos y que se encuentran alejados y sin esperanza, pero a los cuales es necesario traer a su eterno regazo de amor.

"No debiera despreciarse el generoso sacrificio que fue hecho en la cruz, por ti, y por mí". Jesús tomó la iniciativa inmediatamente que el ser humano se perdió. Porque "El nos amó primero" (1 Jn. 4:19). Y porque "Solo Cristo puede salvar" (Hch. 4:12). Jesús lucha para salvarte mientras existan posibilidades. Él sufre el peso de tus cargas, y de tus olores extraños, y es capaz de arriesgar absolutamente todo por ti. "Deja las noventa y nueve en el desierto, y va tras la que se perdió". Y con un gozo totalmente indescriptible exclama: "Venid a mí todos los que estáis trabajados y cargados, y yo os haré descansar" (Mt. 11:28). De ese modo maravilloso, cada persona puede ser rescatada por el amor de Jesús, y ser puesta alrededor de su cuello, sobre sus hombros de amor.

Pero cada pecador, al ver al pastor que amorosamente avanza hacia él, puede clamar como clamó el poeta Lope de Vega cuando cantó:

"Pastor, que con tus silbos amorosos me despertaste del profundo sueño; tú, que hiciste callado de ese leño en que extiendes los brazos poderosos: Vuelve los ojos a mi fe piadosos, pues te confieso por mi autor y dueño, y la palabra de seguir te empeño tus dulces silbos y tus pies hermosos.

Oye, pastor: pues por amores mueres no te espante el rigor de mis pecados, pues tan amigos de rendidos eres; espera, pues, y escucha mis cuidados; pero, ¿cómo te digo que me esperes, si estás, para esperar, los pies cansados?" (Barclay, 107).

CAPÍTULO 2

ENCONTRADOS POR EL AMOR

En el mundo existen monedas por cuyas cifras que tienen inscriptas, y por lo poco que representan monetariamente, no significan mucho para nadie. Por ejemplo, en Cuba, un peso ha venido a ser poca cosa más que nada, casi puede asegurarse que hoy ocupa el lugar que mucho tiempo atrás ocupaban los centavos; los cuales, tan codiciados en otro tiempo por niños pobres y mendigos, quienes los usaban para adquirir golosinas y otras muchas menudencias, ya ni siquiera para eso sirven. A tal punto han perdido su valor los centavos, que si actualmente uno de ellos se cruzara con alguien en el camino, parecería tan insignificante que muy poca gente doblaría su cintura para recogerlo; máxime, cuando en realidad es irrisorio lo que un cubano puede adquirir en la actualidad, incluso, con un peso, cuyo valor es cien veces mayor que el del centavo. Pero en medio de la crisis actual, esto es algo que igualmente puede estar sucediendo ahora mismo en muchos otros países del mundo. Sin embargo, a pesar del escaso poder adquisitivo de un peso, quiero referir algo que me ocurrió hace más de treinta años, lo cual, me ayuda a mirar el dinero en una dimensión más allá de lo que representa cualquier moneda financieramente:

Era muy joven, y acababa de celebrar en prisión mi cumpleaños número veinte. Estaba preso porque había decidido guardar el sábado en un país que en ese tiempo perseguía severamente toda clase de ideas religiosas, y prohibía terminantemente que los ciudadanos expresáramos cualquier clase de obediencia que no fuera la que mostrara un servicio cabal y completo a las ideas de la Revolución. Ya había sido privado de todos mis derechos, aún del más elemental que corresponda al más simple de los seres humanos. Pero, a pesar de que no era permitido a los reclusos tener dinero en la prisión, me las había ingeniado para conservar conmigo un mísero billete de a peso; increíblemente había logrado que en cada registro perpetrado contra mi persona no lograran descubrirlo.

Pero una noche, mientras dormía, sucedió lo imprevisible, alguien había logrado robarme la prenda de vestir en la cual conservaba el billete cosido a una de sus partes. Con aquella pérdida, no solamente acababa de perder parte de mi ropa, sino que con ella también desaparecía el único recurso financiero que me quedaba para ser usado en caso de alguna emergencia. De ese modo sencillo perdí el billete que para mí significaba muchísimo, pero que para otros habría tenido un valor irrelevante; lo apreciaba tanto, porque en esa época, si lograba salir en libertad, con un peso todavía podía comer algunos alimentos baratos, y sobre todo, un peso era el valor del pasaje desde la prisión hasta mi hogar, el sitio más anhelado del mundo en ese instante de mi vida.

Impulsado por el insomnio causado por la pérdida, y el interés en remediar la situación, en medio de la oscuridad y de las reglas que prohibían a los reclusos moverse de un lado a otro antes de las seis de la mañana, hora en que todos debían levantarse para comenzar las faenas habituales, decidí realizar una búsqueda exhaustiva dentro de un área donde convivíamos más de 500 reclusos que a esa hora aún permanecían dormidos.

Poco antes del amanecer, decepcionado de buscar y rebuscar sin resultado alguno, y parado en la parte de afuera de una de las barracas, miré hacia una reja que había al final de la misma y vi una prenda de vestir colgada de los barrotes de acero. Lento y desconfiado me dirigí al sitio señalado y tomándola en mis manos comencé a examinarla cuidadosamente, y percibí que había encontrado lo que se había perdido. No lo podía creer, allí nada de lo que se perdía volvía a aparecer jamás, y aún más, el billete estaba aún cosido en el mismo sitio de siempre. El gozo se apoderó de mí, no solamente había hallado mi prenda de vestir, sino que había recuperado el dinero que había perdido: un simple billete de a peso, con el cual realmente se podía adquirir muy poco, pero que en sí mismo encerraba todos mis recursos dentro de aquella prisión. Recordar este hecho me ayuda a pensar que no siempre las cosas valen por lo que realmente representan, sino que a veces existen otros valores inherentes a su existencia.

En la parábola de "La oveja perdida" Jesús había demostrado cuánto amaba realmente a "publicanos y pecadores"; quienes comúnmente eran odiados por todos, y especialmente despreciados por los "escribas y fariseos". Es por esa razón que seguidamente relata la parábola de "La moneda perdida"; una historia que automáticamente conduce a meditar en los aspectos sobresalientes que Jesús pudiera estar señalando en ella. La parábola de "La moneda perdida" a veces da la impresión de que enseña lecciones similares a las de "La oveja perdida. Sin embargo, la mayoría de los estudiosos concuerdan en que la parábola de "La oveja perdida" trata del amor de Jesús por la gente que se ha alejado de Dios y se pierde fuera de los límites de la iglesia, en el desierto de la vida: en el mundo. Pero la parábola de "La moneda perdida" expone el amor de Jesús por quienes están extraviados dentro de la iglesia, en relación con la casa de Dios, y sin embargo, no se dan cuenta de su precaria situación espiritual.

Es cierto que este segundo relato tiene algunos puntos afines con la primera historia; pero mientras aquella representaba a "publicanos y pecadores", esta, entre otros, según algunas opiniones, encarna la triste situación del segundo grupo, el de los "escribas y fariseos". Quienes, creyéndose más santos que todos los demás, no se percataban realmente de la triste condición que los embargaba.

¿Quiénes eran y de dónde surgieron los escribas y fariseos? Se conocen muchas versiones al respecto, pero vale la pena analizar algunas observaciones históricas:

La primera persona de que se tenga memoria, que llevó el título "escriba" fue Esdras (Esd.7:6). Posteriormente se le llamaba escriba a quienes se dedicaban a estudiar y enseñar la voluntad de Dios a su pueblo. Pero frecuentemente se contradecían entre sí, por lo que formaron distintas escuelas, con diferentes tendencias de interpretación. Los escribas por lo regular pertenecían al partido de los fariseos, y en los días de Cristo, algunos fueron miembros de influencia dentro del Sanedrín, el órgano directivo del judaísmo (Siegfried H. Horn 1995, 387). Es bueno recordar que surgieron con buenos propósitos, pero que poco a poco fueron perdiendo de vista el verdadero sentido de la religión y la fe.

Según el Dr. George R. Knight, los fariseos surgieron después del cautiverio babilónico, como una respuesta a los llamados, en los cuales Esdras jugó un importante papel, a una conversión verdadera; y comenta que "fariseo" significa "los separados", y que vienen a organizarse "en el segundo siglo a.C." (*Knight 1998, 18*). También se conoce que durante el período intertestamentario, o sea, casi doscientos años antes de Cristo. Se autodenominaban los "compañeros" en hebreo (**jabêrîm**), o los "santos", en hebreo (qedôshîm). Y se piensa, además, que descendían de los (jasîdîm), o, (jasidim o asideos), que significa los "píos". Luchaban por atesorar la pureza de su fe, y contra las influencias filosóficas del paganismo griego. A pesar de que se calculan en unos 6000, fueron el partido más influyente dentro de su pueblo, y respetados, aún, por los conquistadores extranjeros (*Siegfried H. Horn 1995, 440*).

En sus inicios, también estuvieron animados por buenos propósitos, y, según el propio Knight, pueden encomiarse algunos puntos positivos de su celo religioso: "amantes y defensores de la Biblia como la Palabra de Dios", "su amor y dedicación a la ley de Dios", "1.521 reglas orales solamente para el sábado"; el Dr. Knaight los describe como:" diezmadores enérgicos y sacrificados, porque—según él menciona—, apartaban hasta cada décima hoja de comino y otras hiervas de jardín", "ni siquiera tocaban lo inmundo", y se destacaban por "su celo misionero y evangelístico", y "esperaban con anciedad la venida del reino mesiánico" (*Knight 1998, 15-17*). Pero, como los escribas, su religión derivó en una serie de distorciones que se oponían al verdadero sentido de la verdadera fe: Knight dice que crearon una religión cuyo "énfasis principal estaba en el mérito humano, y en su tendencia a criticar y aún perseguir a quienes no alcanzaban la norma que ellos adoptaban e imponían a la iglesia" (*Ibid. 31.*)

Es profundamente significativo, que tanto escribas, como fariseos, surgieron con buenos propósitos, pero que su afán por superar a los demás en todo, y especialmente en la "santidad", los llevó a perder de vista el verdadero objetivo de la fe: "el amor". Y junto con esa indiscutible pérdida, también habían perdido de vista el verdadero camino hacia la salvación. Es por eso que no comprendían la misión redentora de Jesús, y más bien estaban profundamente enfrascados en combatirlo por todos los medios a su alcance.

Pero, con una simple y sencilla pregunta Jesús va directamente al grano: "¿O qué mujer que tiene diez dracmas, si pierde una dracma, no enciende la lámpara, y barre la casa, y busca con diligencia hasta encontrarla? Y cuando la encuentra, reúne a sus amigas y vecinas, diciendo: Gozaos conmigo, porque he encontrado la dracma que se había perdido. Así os digo que hay gozo delante de los ángeles de Dios por un pecador que se arrepiente" (Lc. 15:8-10).

¿Qué es realmente una dracma? ¿Qué valor monetario posee en sí misma una dracma? Según la tabla de pesos y medidas un "denario" representaba por lo general el salario de un jornalero para un día de trabajo, o sea, "casi 4 gramos de plata". Y, a su vez, asevera que una "dracma" equivalía "aproximadamente igual al denario", porque sus "3,6 gramos de plata", así lo demostraban". De modo que, diez dracmas constituían el salario de casi nueve días de trabajo de un jornalero de aquella época (*Biblia versión Casidoro de Reina y Cipriano de Valera, versión ultra fina* 1960).

Pero en manos de una mujer casada, estas monedas no solo poseían el clásico valor financiero de cualquier moneda actual, sino que, además, poseían un valor sentimental, el cual podía ser mucho más considerable que el poder adquisitivo que ellas pudieran tener. Por ejemplo, Barclay argumenta que en los días de Jesús, existían costumbres, las cuales, por encima del valor económico de aquella dracma, podían aumentar el interés de una dama por encontrar una simple moneda extraviada. Él supone que tal vez el romanticismo estaba envuelto en el asunto, pues asegura que "el adorno de una mujer casada era una diadema formada por diez moneditas de plata enlazadas con una cadenita de plata"; y sostiene que esa prenda equivalía al anillo de boda de nuestra sociedad, "cuyo valor" muchas veces está por encima del verdadero precio. Y atestigua que aquella prenda "se consideraba algo tan personal que no se podía expropiarse por deudas". Por eso concluye que "tal vez se trataba de una de esas monedas, y la mujer la buscaba como buscaría una casada ahora su anillo de boda" (*Barclay*, 108).

Hendriksen también afirma que "la mujer puede haber llevado las diez dracmas en una cadena alrededor del cuello, o atadas a un pañuelo". Y razona que no importa si se rompió la cadena o se desató el pañuelo, porque lo que realmente importa es que una moneda altamente simbólica estaba extraviada y había que encontrarla (*Hendriksen*, 1990, 708).

De cualquier manera, no interesa realmente cual haya sido el caso, Jesús ilustra la necesidad que tenía aquella mujer de encontrar una moneda que se le había perdido, cuya moneda en sí misma no sabía que estaba perdida, pero que además se había extraviado dentro de la casa. Aunque la parábola de "La moneda perdida" no puede ser entendida en su verdadera magnitud, si no se describen las casas judías de la época; las cuales han sido descritas como: "edificaciones de piedra, y techo de barro sin ventanas, y con una sola puerta en el frente de la casa; las cuales no tenían muebles, sino que, esteras de paja, acomodadas en el suelo, servían de cama a los miembros de la familia que vivían en ellas" (*Francis D. Nichol y Asociados*, 1978-1990, vol. 5, 797).

Buscar aquella dracma dentro de una casa con las condiciones mencionadas, y probablemente con un piso también de piedra, no parece que fuera una tarea fácil para nadie, ni tampoco muy productiva. Con seguridad, en el piso abundaban las partículas que se desprendían de la paja de las esteras; las cuales, disimuladas por la falta de luz natural imposibilitaban una simple búsqueda y convertían el trabajo en algo que se debía realizar con esmerada dedicación. Y eso es precisamente lo que Jesús quería ilustrar, el enorme interés y dedicación de Dios por encontrar a quienes, ignorando su propia condición espiritual, se habían perdido dentro de la casa de Dios. Como imaginan algunos investigadores actuales, quienes piensan que la moneda representa a gente probablemente perdida dentro de la propia iglesia.

De hecho, hay quienes, además, piensan que la primera parábola había sido dirigida a los hombres presentes, los cuales actuaban a favor de la oveja no solo por lástima, sino por interés financiero; porque perder una oveja podía resultar en el despido inmediato del descuidado obrero. Pero al mismo tiempo creen que, de algún modo, la parábola de la moneda fue dirigida a las mujeres, teniendo en cuenta que aquella mujer solamente podía culpar a su propio descuido, y porque su interés en encontrar la moneda era puramente personal (*Ibid.*).

Ahora podemos imaginar mejor lo que ocurre cuando una moneda pequeña, como una dracma, se pierde dentro de una casa sin ventanas, cuya oscuridad reina soberana las veinticuatro horas del día, y el único modo de que haya luz es encendiendo una lámpara. Elena G. de White explica algunos aspectos interesantes acerca de la enseñanza de la moneda perdida: asegura que representa a quienes se pierden en "sus faltas y pecados, pero no comprenden su condición", sino que "están apartados de Dios pero no lo saben", y "sus almas están en peligro pero son inconscientes e indiferentes". Y afirma que otra enseñanza es el amor divino por "los indiferentes a los requerimientos de Dios", los cuales, según ella, "son objeto de su compasivo amor", y agrega que "han de ser buscados para que puedan ser llevados de vuelta a Dios". Y, finalmente, induce la idea de que pueda sugerirse que implica especialmente a quienes están perdidos dentro de la propia iglesia, porque comenta: "La oveja se extravió del rebaño; estuvo perdida en el desierto o en las montañas. En esta parábola, Cristo enseña que, la dracma se perdió en la casa. Estaba a la mano, pero sólo podía ser recobrada mediante una búsqueda diligente" (*Palabras de Vida del Gran Maestro*. 1981, 152.).

Como aparentemente se asegura, es posible que la casa represente a la iglesia. Pero lo más importante de todo, es que Jesús pone en el accionar de aquella mujer que ha perdido su significativa pieza monetaria, algunas iniciativas amorosas que ilustran lo que él mismo es capaz de hacer para encontrar a los que están perdidos dentro de la iglesia. Y a quienes en cualquier parte, como la moneda, ignoran su verdadera condición espiritual.

Enciende una lámpara

La primera iniciativa de aquella mujer es encender una lámpara. Porque ella tiene que esforzarse para encontrar una pequeña moneda dentro de una casa oscura, y trabajar arduamente para hallar algo que no puede cooperar con su propia búsqueda. De cualquier modo, luchará hasta encontrar un pequeño cuerpo de metal que en sí mismo no es capaz de percatarse de su propia condición, y percibir que está perdido. Por eso Jesús comienza el relato precisamente por ese punto, el punto de la iluminación: "¿O qué mujer que tiene diez dracmas, si pierde una dracma, no enciende la lámpara? (Lc. 15:8a).

Una moneda perdida no se da cuenta de sus circunstancias, no es capaz de realizar algún esfuerzo por sí misma, y no puede encontrar el camino de regreso al que la perdió. Por lo tanto, para encontrarla, y para que esa difícil misión tenga éxito, lo primero que se necesita es luz, una luz que abra cada rincón de su casa ante los ojos inquisidores de la dueña de la moneda extraviada; una luz que le dé la oportunidad de revisar, escarbar, limpiar, y rebuscar en cada rincón de la casa, hasta encontrar la moneda perdida. Por esa razón, cuando alguien está perdido entre la oscuridad y la basura de la vida, y ni siquiera él mismo se da cuenta de su situación y de las tinieblas que lo rodean, es obvio que lo primero que hay que hacer es encender una lámpara.

Se trata de un esfuerzo específico hecho para salvar a alguien que normalmente no es tan especial, un pequeño objeto de escaso valor financiero, pero que tiene una persona que le aprecia de verdad, alguien que le ama y le quiere encontrar. Un esfuerzo concreto por quienes están vacíos y fríos como la moneda, cuyas vidas glaciares les impiden darse cuenta de su indiferente y muerta existencia.

Precisamente, escribas y fariseos estaban allí escuchando aquella parábola, continuamente vigilaban y perseguían al mismo que había venido a salvarlos. En vez de santos, eran legalistas y santurrones, convencidos obcecados de ser los hombres más convertidos y espiritualmente mejor preparados del mundo. Comúnmente se constituían a sí mismos en los jueces de todos los demás, y eran capaces de condenar hasta al propio Jesús, a quien acosaban y culpaban permanentemente. Eran fanáticos irreflexivos. Jesús los llamó en más de una ocasión "¡guías ciegos! ¡Insensatos y ciegos! ¡Necios y ciegos! ¡Guías ciegos que tragan el mosquito y cuelan el camello!" (Mt. 23:16-24).

Vivían una vida repleta de pequeñeces insignificantes, pero los aspectos más importantes de las enseñanzas divinas eran continuamente ignoradas por ellos. Según algunos han investigado, colaban el agua de los aljibes con un paño de lana para evitar el probable riesgo de tragarse un gusarapo, una larva de mosquito, que, según sus convicciones personales, los habría dejado inmundos hasta la puesta del sol; pero las vidas de muchos de ellos estaban llenas de odio, de rencores, de envidia, de celo, de orgullo, y de toda la maldad que el pecado es capaz de producir en el ser humano que vive de las formas religiosas, pero que no tiene a Cristo en su vida. Es por eso que Jesús aplica el vidrio de aumento y les dice: "Tragan el camello y cuelan el mosquito"; y además les acusa de ser "sepulcros blanqueados", muy bonitos y relucientes en el exterior pero por dentro repletos de podredumbre (Mt. 23:27). Con lo que quiso decirles que vivían en la más absoluta hipocresía religiosa, y en las más completas tinieblas espirituales. Practicaban un método equivocado de relación con Dios. Y Jesús deseaba probarles que la salvación por obras es una vía errónea para alcanzar el cielo.

Probablemente había muchos otros fanáticos que también se creían salvados por las formas de culto que tan rigurosamente guardaban; ignorando, que con ellas rechazaban a Cristo, el único y verdadero camino hacia la salvación. Por eso Jesús pretendía que todos en general pudieran ser iluminados por la verdadera luz del evangelio. Hoy también existen quienes, enfrascados en detalles, y pequeñeces insignificantes, muchas veces sin importancia real, pierden de vista a Cristo, que es el verdadero centro del evangelio, y el único salvador.

Desde antes que Jesús viniera a este mundo ya se sabía que él sería la luz del mundo: Así lo profetizó Isaías cientos de años antes que Jesús viniera a esta tierra a morir: "El pueblo que andaba en tinieblas vio gran luz; los que moraban en tierra de sombra de muerte, luz resplandeció sobre ellos" (Is. 9:2). Y el propio Jesús aseguró: "Yo soy la luz del mundo; el que me sigue, no andará en tinieblas, sino que tendrá la luz de la vida" (Jn. 8:12); y él mismo agrega: "Yo, la luz del mundo he venido, para que todo aquel que cree en mí no permanezca en tinieblas" (Jn. 12:46). De ahí que no cabe ninguna duda que Jesús es "la luz del mundo".

Pero el Salmista también dice que la Biblia es "la lámpara de Dios que alumbra nuestro camino" (Sal. 119:105). Pudiera pensarse que la lámpara encendida por aquella mujer que busca su moneda extraviada, sugiere la necesidad que todos tenemos de encender en nuestras vidas la lámpara de la palabra de Dios y hacerla brillar con intensidad suficiente, de tal manera que Jesús ilumine completamente nuestras vidas. Para poder descubrir toda la basura que nos impide encontrarnos con un Dios santo, muchos necesitamos ser irradiados con la palabra divina; una luz que continuamente nos ilumina posibilitando que lo veamos y que nos demos cuenta que él está ahí desesperadamente buscándonos. Y que de ese modo consigamos alcanzar una relación plena y directa con las enseñanzas de un Dios de amor que nunca deja de buscarnos.

La Palabra de Dios es la única lámpara que puede iluminar cada rincón de tu conciencia. "El perfeccionismo es de origen diabólico". Como dijo un profesor nuestro en clase: "Las obras son un intento desafortunado de ganar la salvación, porque la salvación por obras no es más que una aberración satánica del evangelio". Las religiones paganas hacían todo para agradar a sus dioses. Los cananeos, y otros idólatras, hasta pasaban por fuego a sus hijos delante de sus dioses paganos; y los antiguos griegos se mataban unos a otros; y todo esto lo hacían ciegamente tratando de dar lo mejor de sí a sus inconscientes y fríos objetos de culto. Y los escribas y fariseos estaban tan perdidos en sus propias filosofías e interpretaciones, que Jesús deseaba iluminarlos con la diáfana luz de su palabra.

Como también hoy lo necesitan todos cuantos, aún dentro de las filas del evangelio, están perdidos en sofismas, filosofías, detalles culturales, y apariencias, como bien los llaman algunos investigadores actuales: "Asuntos de la periferia", nada medular, significativo; sino que, como los escribas y fariseos de antaño, han dejado el centro del evangelio para extraviarse en las insignificancias de las concepciones e interpretaciones humanas. Sin lugar a dudas, hoy también existen muchas personas ciegas con sus propias y vanas filosofías; y estas son personas cuya propia condición les impide ver la verdadera luz, les impide encontrar el verdadero "Camino a Cristo". Por eso mismo, Jesús refiere que Dios continúa iluminando en la oscuridad de la vida de cada pecador, y se esfuerza tratando de rescatar a quienes están perdidos y se dan cuenta de ello.

Elena G. de White asegura que algo se puede y se debe hacer por quienes están en tan terrible condición, porque "La dracma perdida representa a los pecadores extraviados y errantes", y "el cuidado con que la mujer buscó la dracma perdida les enseña a los seguidores de Cristo una lección con respecto a su deber hacia los que yerran y se extravían de la senda recta", y es por esa razón que "la mujer encendió su candil para tener más luz, luego barrió la casa y buscó diligentemente hasta encontrar la moneda"; ejemplo que puede ser imitado por cada uno de los seguidores de Jesús (*Joyas de los testimonios*, 1981, vol. 1, 304).

Eso mismo trata de hacer Dios con cada alma perdida. Si hay alguien que no se da cuenta de su condición, busque la lámpara de la Palabra de Dios, y mire a Jesús, porque él es la luz del mundo.

Barre la casa

Después de encender la lámpara, la segunda iniciativa tomada por la mujer protagonista del relato es barrer la casa, ¿O qué mujer que tiene diez dracmas, y pierde una dracma, no barre la casa?" (Lc. 15:8b).

En mi larga carrera como pastor he notado que lo más difícil para quienes iluminan sus vidas con la palabra de Dios y luego desean seguirlo, es barrer con todo cuanto estorbe un verdadero encuentro con Jesús. El apóstol Pablo, dirigiéndose a los Filipenses, se refirió a lo que valen las cosas del mundo en comparación con los bienes espirituales, diferencia que expresó de un modo muy tajante: "Y ciertamente, aún estimo todas las cosas como pérdida por la excelencia del conocimiento de Cristo Jesús, mi Señor, por amor del cual lo he perdido todo, y lo tengo por basura para ganar a Cristo" (Fil. 3:8).

Pablo está diciendo que para ganar a Cristo él primero debió barrer con toda la basura que estorbaba ese propósito; y creo que llega aún más lejos, porque realmente la palabra usada en el original, que aquí se traduce "basura", es "skúbalon" que también significa "desecho", y que se puede referir incluso a "desechos humanos y animales", o, a "los desperdicios que se tiran de una mesa", en cuyo sentido realmente lo toma el traductor del texto (*Francis D. Nichol y Asociados*, 1978-1990, vol. 7, 174). Pero, lo que realmente importa es que Pablo cree que todo cuanto nos impida acercarnos a Jesús sin obstáculos debe ser tratado como estiércol, como basura, como desechos; porque para nosotros es imposible reciclar los desechos de la vida sin ayuda sobrenatural. Es Dios mismo quien debe darnos la fuerza para vencer, y esto se logra cuando llegamos a ser dependientes de él en todo.

El joven rico fue uno de los que no estuvo dispuesto a eliminar lo que le estorbaba para seguir a Cristo. Jesús le pidió a él que se deshiciera de todo cuanto le estorbaba, sin embargo, la Biblia registra lo contrario porque afirma que "Oyendo el joven esta palabra, se fue triste, porque tenía muchas posesiones" (Mt. 19:22).

En cierta ocasión alguien que deseaba seguir a Cristo, pero que a su vez se negaba a deshacerse de todo cuanto estorbaba aquella decisión, al recordarle al joven rico me dijo:

—Pastor, ¿no le parece que Jesús fue muy duro con el joven rico? Piense en lo que le pidió, a nadie más Jesús le exigió tanto, realmente creo que Jesús trató muy duro al joven rico.

—Piensa en otros casos—le dije—, todo el que sigue a Cristo ha tenido que barrer con todo lo que estorbaba a esa decisión tan importante. Por ejemplo, medita en Pedro y su hermano Andrés, en Leví Mateo, en Zaqueo, y en otros. Es cierto que Pedro y Andrés, al llamado de "sígueme" dejaron la barca y unas redes remendadas (Mt. 4:20); pero esas redes viejas y rotas eran todo para ellos, porque de ese humilde trabajo, y de aquellas viejas y remendadas redes dependía todo lo que tenían y eran. Leví Mateo, oyó a Jesús decir "sígueme", y la Biblia registra que se "levantó y le siguió" (Mt. 9:9); para él, su odiado trabajo de publicano era todo, de él dependía lo que era y tenía. Y la asombrosa conversión de Zaqueo se registra poco después de la parábola de "La moneda perdida"; él, no solo escucha la voz de Jesús, sino que al comprender la importancia de aquella invitación llega aún más lejos; porque "Zaqueo, puesto en pie, dijo al Señor: He aquí, Señor, la mitad de mis bienes doy a los pobres; y si en algo he defraudado a alguno, se lo devuelvo cuadruplicado" (Lc. 19:8). Evidentemente, Zaqueo no solo se deshizo de muchos bienes financieros y materiales, sino que además, se despojó incluso del orgullo, de la avaricia, de la codicia, y de mucha otra basura que lo mantenía alejado de Jesús. Por lo cual, Jesús no le pidió al joven rico algo que no le hubiera pedido antes al resto de sus seguidores. De manera que todos cuantos pretendamos seguir a Cristo tenemos alguna basura que limpiar en nuestras vidas.

Es por eso que Jesús presenta a una mujer barriendo su casa para encontrar una pequeña moneda que se ha perdido. Porque él desea que comprendamos cuánta limpieza hay que realizar en la vida de muchos cuyos nombres ya están inscriptos en el libro de la iglesia, o que están tratando de acercarse a él. Y no es una mujer la que limpia la basura de la vida de quienes están perdidos dentro de la iglesia, es Dios mismo, por medio de su Santo Espíritu, quien está esperando para que le permitamos entrar en nuestros corazones y limpiarlos. Es él quien trata continuamente de limpiar cada obstáculo que nos impide ver el camino a la salvación en su verdadera plenitud. Sugiere que todo esfuerzo vale la pena para salvar a alguien que se ha perdido en medio de la basura mundanal, y de la propia filosofía de una vida desposeída de Cristo.

Es cierto que una dracma antes no valía mucho, y no vale mucho hoy en día; pero tampoco un hombre, financieramente hablando, vale mucho. Porque, realmente, el valor financiero de un hombre en el mercado mundial, atendiendo a su composición química, es escaso. Según lo refiere un cálculo realizado hace tiempo por alguien, y publicado en una revista que leí tiempo atrás: "Alrededor del 80% del material que contiene en su cuerpo cualquier persona, es agua, sustancia que aparece hoy en cualquier parte y que se puede encontrar normalmente a un costo asequible a casi todos, y en muchos lugares se obtiene hasta en forma completamente gratuita. Y la segunda sustancia química más común en la formación física humana es el calcio, el cual tampoco se encuentra en una cantidad tal que se pueda comercializar. Tanto el agua como el calcio, ninguno de los dos, se guardan en bancos. Pero el cálculo que observé en aquella revista asegura que todos poseemos en nuestros cuerpos todos los elementos químicos de la Tabla Periódica, pero en tan escasas proporciones, que nadie querría matarnos para extraernos y robarnos el oro, la plata, y el platino, o algún otro elemento químico importante que alguno de nosotros pueda contener en su cuerpo. Y el autor del artículo calculó en aquella época que todos los elementos químicos contenidos en el cuerpo de un hombre de estatura mediana, podían conseguirse en el mercado mundial por el insignificante valor de $1.00 dólar. Tal vez, tomando en cuenta la tremenda crisis financiera actual que ha desmonetizado muchas monedas, y el tamaño y el volumen de algunos seres humanos actuales, probablemente ahora haya alguien que valga unos centavos más.

Pero aún así, Jesús deja ver en esta parábola que nuestra verdadera importancia no está en lo que valemos físicamente, sino en lo que significamos para él; porque él pagó por nosotros el precio de su sangre, que es el mayor costo pagado jamás en todo el universo creado. Porque nuestro precio responde íntegramente a un valor espiritual que se fundamenta en el enorme sacrificio que el cielo hizo entregando a la muerte a Jesús, el Unigénito Hijo de Dios. Es por esa razón que él desea barrer toda la suciedad que estorbe a nuestro correcto desarrollo espiritual, y limpiar la vida individual de cada hijo suyo. Para él vales todo, porque él nos ama tanto que vino a morir por cada pecador, y "vino a buscar lo que se había perdido" (Mt. 18:11).

Busca diligentemente

Si bien es indiscutible que las dos primeras iniciativas tomadas por la mujer de la narración están relacionadas con ciertos implementos como lámpara y escoba, la tercera iniciativa mencionada por Jesús, refiere el interés y la habilidad con que ella trata de encontrar la moneda extraviada dentro de su casa: "¿O qué mujer que tiene diez dracmas, si pierde una dracma, no busca con diligencia hasta encontrarla? (Lc. 15:8c).

Como ya se ha mencionado, lo más probable es que dicha dracma formara parte de algún símbolo matrimonial, por lo cual el valor sentimental de la moneda la convertía en un objeto muy especial; hasta se sabe hoy en día que la pérdida de una de estas reliquias comúnmente era considerada como una fatalidad para el matrimonio. Por lo que la mujer afectada por una pérdida de ese tipo estaba decidida a emplear todas sus habilidades y experiencia hasta encontrar la significativa pieza monetaria. Y ella, de seguro iluminaría y barrería, pero lo haría inteligentemente, buscando con interés en cada rincón y recoveco de su casa hasta obtener el éxito deseado.

Jesús anhelaba que sus oyentes percibieran hasta qué punto Dios está interesado en la salvación de cada uno de ellos, y eso contrastaba profundamente con la idea de un Dios esquivo y vengativo continuamente trasmitida por escribas y fariseos. Quienes enseñaban "que Dios concedía su afecto y bendiciones sólo a los que le obedecían y que los negaba a aquellos que no le obedecían", razón por la cual, con la parábola de esta mujer que busca tan interesada y hábilmente una simple moneda que ni siquiera sabe que está perdida, Jesús procura demostrar "la verdadera naturaleza del amor de Dios" (*Francis D. Nichol y Asociados*, 1978-1990, vol. 5, 796). Eso quiere decir que aunque estés perdido, y aunque ni siquiera te des cuenta de que lo estás, él escruta minuciosamente cada rincón de tu alma hasta que te des cuenta qué es lo que estorba a tu decisión de atender al insistente llamado de un Dios que no cesa de intentar que le escuches. Como aquella mujer de la historia, Jesús hará todo el esfuerzo necesario para encontrar al perdido; y la frase "hasta encontrarla", indica el máximo esfuerzo que está dispuesto a realizar para salvarte.

En la clase bautismal de cierta iglesia donde trabajé, encontré a una señora muy mayor, la cual aparentemente se preparaba para bautizarse. Pronto supe que había asistido a aquella iglesia por muchos años, que se reunía con aquella congregación desde que era una niña, y que ahora, con más de sesenta abriles cumplidos planeaba finalmente bautizarse. La iglesia estaba llena de otros hermanos, quienes, habían llegado mucho después que ella, conocido a Jesús, y sin demora lo habían aceptado como su salvador personal. En aquella iglesia, cíclicamente, los candidatos continuaban descendiendo a las aguas bautismales y ella permanecía paralizada en un asiento que ya había convertido en su propiedad privada para cada reunión.

Un día la visité y le hice un llamado apelando a las fibras más sensibles de su corazón para que decidiera finalmente su entrega al divino llamado, y entonces supe algo verdaderamente sorprendente, me dijo: "Pastor, no se apure, con usted sí que me voy a bautizar, porque he oído que usted es descendiente del pastor que me presentó a Jesús en esta iglesia, el mismo que oró por mí cuando yo nací y mi madre me trajo al templo para que Dios me bendijera".

Quedé completamente sorprendido cuando supe que mi bisabuelo, el pastor Manuel Ávila, uno de los dos primeros cubanos que se bautizaron en Cuba cuando se inició la iglesia, había tenido en sus brazos a aquella señora cuando era una bebé y su cristiana madre deseaba que su pequeña e inocente hijita fuera una fiel cristiana. Ya su mamá no estaba presente, y el pastor Ávila también descansaba en el polvo de la tierra; y ya la mayor parte de quienes habían presenciado aquella sencilla ceremonia, igualmente esperaban en sus tumbas el instante bienaventurado en que escucharán la voz de Jesús que dulcemente los llamará y los despertará del sueño de la muerte, pero Jesús todavía estaba allí insistiendo con aquella endurecida señora. Dios había tenido la enorme paciencia de esperar tantos años hasta que llegara para bautizarla un biznieto del pastor que la presentó ante Dios cuando ella nació. Y finalmente, de ese modo, ella también fue encontrada por él, porque meses después tuve el privilegio de bautizarla.

Por eso, Jesús enseña que Dios haría todo el esfuerzo posible por encontrar a los escribas y fariseos, quienes se encontraban perdidos dentro de la iglesia; y asimismo a toda persona ignorante de su condición espiritual. Y aseguró que con el mismo entusiasmo de la mujer de la parábola, buscará hasta encontrar a todos, aún, hasta aquellos que no se dan cuenta que están perdidos.

Él mismo sufrió por ti, murió por ti, y hará todo lo posible por rescatarte. Dios lucha tanto por la salvación de todo ser humano que la perdición será un suicidio, porque solamente se perderán quienes decidan perderse, pues el amor de Dios es tan grande que nos da la oportunidad hasta de elegir nuestra propia destrucción. Pero él hará todo lo posible para que cada pecador sea encontrado por el amor de un Dios que nunca cesa de luchar por el rescate de todo individuo extraviado; y luchará hasta hallarnos, porque su amor por nosotros es tan enorme que él siempre nos encontrará, aunque luego dependa de cada cual seguirlo o dejarlo.

Festeja feliz

La cuarta iniciativa, no va más allá de repetir todo el proceso desarrollado después que aparece la oveja perdida. La mujer del relato alumbró, barrió, buscó intensamente, y como el pastor encontró a su oveja extraviada, ella también encontró su dracma perdida, y cuando la halló, reunió "a sus amigas y vecinas", pidiéndoles: "Gozaos conmigo, porque he encontrado la dracma que había perdido", y Jesús agrega nuevamente el singular elemento del gozo celestial "Así os digo que hay gozo delante de los ángeles de Dios por un pecador que se arrepiente" (Lc. 15:9-10).

Nuevamente vemos una escena que demuestra que el gozo celestial por el rescate de un alma que estaba perdida y aparece, jamás repara en gastos y esfuerzos. Por eso Jesús describe una escena que sobrepasa los límites de la privacidad familiar para comprometer en una celebración a "sus amigas y vecinas", quienes vienen a deleitarse porque ha aparecido una pequeña dracma. Al menos los gastos de energía y de tiempo son evidentes en la historia. Tal parece que se le da demasiada importancia a un hecho al parecer tan simple e intrascendente como la recuperación de una pequeña moneda; pero debemos recordar que para aquella mujer la moneda significaba más que dinero, porque simbolizaba su unidad conyugal.

Y esta ilustración establece que igualmente el gozo celestial por la salvación de un alma va mucho más allá de lo que esto significa para la pobre expectativa humana. De nuevo el gozo es trasladado a un contexto universal y eterno; y de nuevo aparecen los ángeles de Dios gozándose y alegrándose por el éxito alcanzado en el corazón de un simple ser humano. Es por eso, que vale la pena recordar las iniciativas tomadas por Jesús para salvar al extraviado, las cuales se reflejan en esta parábola: es él quien ilumina nuestras vidas con la luz que proviene de Dios mismo a través de su Santa Palabra. Es él quien barre todas las suciedades e impurezas de nuestras vidas. Es él quien nos busca con diligencia hasta encontrarnos. Y es él quien provoca el gozo terrenal y celestial cuando decidimos venir a sus brazos de amor.

Para Dios, no existe alguien que no valga la pena el sacrificio; y todo pecador, por hondo que haya caído, o lejos que se haya ido, merece la atención divina. Por eso, Elena G. de White explica: "Aunque la dracma perdida estaba en el polvo y la basura, no dejaba de ser una moneda de plata. Su dueña la buscó porque tenía valor. Así también toda alma, por degradada que esté por el pecado, es preciosa a la vista de Dios. Como la moneda llevaba la imagen y la inscripción del monarca reinante, así también el hombre cuando fue creado recibió la imagen y la inscripción de Dios. Aunque empañada y deteriorada por el pecado, el alma humana guarda aún vestigios de dicha inscripción. Dios desea recuperar esta alma, y estampar nuevamente en ella su propia imagen en justicia y santidad (*La Temperancia*, 1981, 119).

Los escribas y fariseos, perdidos dentro de la iglesia como estaban, también debían ser encontrados por Jesús y su evangelio de amor. Knight recuerda que Elena de White menciona que "los principios sostenidos por los fariseos han caracterizado a la humanidad en todos los siglos. El espíritu del fariseísmo es el espíritu de la naturaleza humana" (*Knight 1998, 26*), (*White, El discurso maestro de jesucristo 1964, 69*). Por esa razón, cada uno de nosotros puede ser encontrado por Jesús. Como ya lo afirmó el apóstol Pedro hace muchos siglos atrás, cuando expresó: "No queriendo que ninguno perezca, sino que todos procedan al arrepentimiento" (2 P. 3:9). Y, de ese modo, dicho versículo nos asegura cuánto podemos asegurar el enorme deseo de Dios de que tú también te salves. Por ello, sin importar dónde te encuentras ahora: ¿Qué decides hoy?

CAPÍTULO 3

DESINTERESADO AMOR

Al hablar de la problemática de la difícil relación padre-hijo, a menudo mi padre decía: "Es bueno tener hijos y hay que tenerlos, pero como negocio siembre mejor una mata de plátano". Nunca olvidaré aquella frase suya repetida cuando creía que no se le obedecía como él esperaba, sobre todo cuando descubría que algo no andaba bien en lo tocante a lo que él consideraba apropiado con respecto al tema del comportamiento y respeto de los hijos hacia los padres.

Confieso, que como hijo, muchas veces me sentí incómodo con aquel modo de referirse a un asunto tan significativo como el de los hijos. Sin embargo, los años han transcurrido y también soy padre, de manera que ahora comprendo perfectamente la tremenda lección que en sí misma encerraba aquella frase. Ahora percibo que decía eso porque se daba cuenta de que lo más común es que los hijos piensen que los beneficios recibidos de los padres son obligaciones que estos deben cumplir con ellos; y porque muchas veces los hijos ignoran por completo que todo cuanto los padres hacen por ellos corresponde a un acto de amor pleno y desinteresado. Razón por la que muchos hijos se vuelven exigentes, desagradecidos, y hasta llegan a revelarse contra sus progenitores.

En la parábola del "Hijo perdido", Jesús trata con esmero cada uno de los detalles concernientes a la relación correcta entre el padre celestial y sus hijos terrenales. En las parábolas de "La oveja perdida" y de "La moneda perdida", Jesús muestra lo que Dios está dispuesto a hacer por el pecador extraviado; pero en la del "Hijo pródigo" enseña lo que cada cual debe hacer para responder a la desinteresada y amorosa iniciativa divina (*Francis*

D. Nichol y Asociados, 1978-1990, vol. 5, 797). Además, en esta parábola Jesús toca el asunto desde otra perspectiva: La del problema de la rivalidad que puede surgir cuando solamente son dos hijos.

Es probable que en la parábola Jesús esté describiendo el proceso de descomposición espiritual humana, el alejamiento humano del padre celestial, el fracaso absoluto de una vida sin Dios, y la única forma de levantarse; proceso que, según se infiere en la parábola, puede pasar por diferentes etapas de reconocimiento y aceptación.

Quienes tenemos dos hijos tal vez estemos más capacitados que otros para comprender el problema del celo, tan común cuando hay dos hijos en una misma familia. El celo es un fenómeno que puede verse con frecuencia en cualquier familia humana, situación que a menudo puede conducir a serias dificultades, sobre todo cuando los hijos no han estimado correctamente el desinteresado amor de sus padres hacia ellos. Jesús comienza su historia así de sencillo: "Un hombre tenía dos hijos" (Lc. 15:11).

Parece difícil encontrar otra porción bíblica que trate con mayor claridad el problema del pecado y el aspecto del libre albedrío frente al generoso amor de Dios. Por eso desde el mismo primer instante de la narración Jesús resalta los profundos contrastes existentes entre el carácter amoroso y desinteresado del padre y las intenciones egoístas de sus hijos.

Independencia y egoísmo del hijo

Hasta el momento Jesús había tratado de cautivar la atención de sus oyentes apelando al amor del pastor por una oveja desobediente que se había perdido en los desiertos de la vida; la cual, perdida y comprendiendo su triste y desalentadora condición nunca fue capaz de descubrir cuál era el camino de retorno al redil, razón por la cual, sin la ayuda del amante pastor, seguramente habría muerto enredada en algún inhóspito paraje. O los deja perplejos haciéndolos vivir la emoción de una mujer que por descuido propio pierde una moneda que para ella tiene un valor especial, la cual logra encontrar tras una ardua y esforzada faena; gozándose luego hasta el delirio mismo por la recuperación de una inconsciente pieza metálica que se había perdido dentro de su propia casa.

Pero acto seguido relata otra historia en la cual presenta en una dimensión mucho más amplia la verdadera intensidad y complejidad del plan de salvación para el hombre perdido. Y en ella expone el relato del dramático incidente del hijo que exige su herencia antes de la muerte de su padre y el hermano mayor que se resiste a aceptar el perdón de su hermano menor; y lo presenta con tal maestría, que el mismo comienzo de la historia parece totalmente natural, "Y el menor de ellos dijo a su padre: Padre; dame la parte de los bienes que me corresponde; y les repartió los bienes" (Lc. 15:12).

Lo primero que salta a la vista en este significativo relato es el "Carácter independiente y egoísta del hijo". La narración es sencilla, a simple vista, y de modo espontáneo, sobresalen las dos decisiones contrastantes de la primera parte del relato: "dame" y "repartió". Repentinamente aparece un joven que pide con franqueza a su padre lo que aún no le pertenece y un padre que, mostrando un desprendimiento total, cede voluntariamente a la inapropiada petición del hijo. Un hijo que expresa un egoísmo descomedido y un padre que cediendo a tan inoportuna petición manifiesta su profundo amor y desinterés en el trato con su materialista hijo. De parte del padre no se registra discusión, ni interrogantes, ni objeción alguna; solamente se afirma que el generoso padre acepta la inadecuada solicitud del ingrato hijo.

En cualquier lugar del mundo es común encontrar hijos que desean separarse de sus padres, que anhelan la emancipación y separación a cualquier costo posible. Hijos que ansían independencia, que quieren gobernarse, que desean vivir sin restricciones, ni ordenanzas, ni reclamos de obediencia; los cuales, están incuestionablemente convencidos de que ese tipo de liberación les haría indiscutiblemente más felices. Creen que solos podrían gozar de plena libertad, y de ese modo alcanzar la verdadera independencia de todo aquello que reclame observar leyes y restricciones paternales.

Si bien es cierto que la costumbre judía de la época aceptaba la posibilidad de que un hijo pidiera la parte de su herencia antes que el padre muriera, también es cierto que tales reclamos éticamente no eran bien vistos por la sociedad de aquél tiempo. Porque semejante petición demostraba "falta de confianza en su padre y un rechazo total de su autoridad" (*Francis D. Nichol y Asociados*, 1978-1990, vol. 5, 798).

¿Sabía el hijo realmente lo que quería? Tal vez valga la pena preguntarle hoy a algunas personas: ¿Sabes lo que quieres? Posiblemente existan innumerables individuos que no saben realmente lo que desean para sí mismos. El deseo de abandonar las raíces, de romper la conexión con todo lo que una vez te dio la vida, no es natural.

Realmente el pecado puso en el ser humano caído el deseo innato de hacer su propia voluntad. La desobediencia es el mayor problema que siempre ha impedido que los hijos de Dios se acerquen a él. Fue la desobediencia la que creó la separación en el Edén; y ahora mismo continúa siendo la desobediencia la causa de separación entre el hombre y Dios. Porque el deseo de desobedecer a Dios surge como una consecuencia inevitable del pecado, nace del deseo de hacer la voluntad propia, y porque el cuerpo pide lo que cada cual cree que necesita; de manera que los deseos de independencia y separación de Dios, brotan de un corazón enfermo por el pecado, y alejado de Dios y dejado a su propia autonomía. Es por eso que Pablo expone el problema del pecado de un modo muy singular cuando escribe a los romanos: "Por cuanto los designios de la carne son enemistad contra Dios; porque no se sujetan a la ley de Dios, ni tampoco pueden; y los que viven según la carne no pueden agradar a Dios" (Ro. 8:7-8), y Santiago hace una pregunta muy significativa "¿No sabéis que la amistad con el mundo es enemistad contra Dios? Cualquiera, pues, que quiera ser amigo del mundo, se constituye enemigo de Dios" (Stg. 4:4).

Sucede que cuando alguien se acerca a Cristo con el propósito de ser su discípulo, y trata de poner su aspecto personal en armonía con Dios, de asumir un estilo de vida diferente, de cambiar sus hábitos particulares y todo cuánto ha sido y practicado antes, y comienza a mudar su antigua manera de vivir por una apariencia semejante a la de los hijos de Dios, entonces encuentra que no es aceptado por la sociedad en la que antes se desarrollaba normalmente. En ese momento surge un choque brutal entre ambos estilos de vida, y la persona es inmediatamente confrontada consigo misma y con su deseo sincero de agradar a Dios. Y en su desesperación, después de las primeras incursiones en la vida cristiana, algunos dicen:

—Pastor, la gente me encuentra fea. ¿Qué hago? Me da pena salir a la calle.

—¿Qué gente te encuentra fea?—les pregunto. Y entonces se ríen; y agrego—: ¿Son los hijos de Dios quienes te hayan fea?

—No, pastor—responden—, son mis amigas y amigos en el trabajo, mis condiscípulas y condiscípulos en la escuela, mis vecinas y vecinos en el barrio donde vivo . . .

—Siempre me he preguntado—les digo—, cómo me ven a mí quienes no son como yo soy: caballos, perros, gatos, y cualquier especie que no sea la humana. Porque, lo cierto es, que para asombro mío, cuando me les acerco, todos ¡huyen despavoridos!; he descubierto que salvo algunas excepciones, toda la naturaleza huye de mí cuando nada más intento acercarme a alguno de sus semejantes. Similarmente me parece que la gente se da cuenta cuando alguien ya no pertenece a su especie, y la reacción natural es el rechazo, y hasta el miedo. ¿Has meditado en porqué no te aceptan? ¿Por qué les pareces fea, ridícula, fuera de moda, o estrafalaria? O, se preguntan los hombres ¿Por qué nos apartan cuando no participamos de los mismos vicios y costumbres que otros?

Hasta el cine ha creado una película que ilustra muy bien esta situación, se llama "Monstruo", y trata de una ciudad habitada por verdaderos monstruos creados por el arte; unos enormes y peludos, otros con un solo ojo en la frente, alguien cuyos cabellos son serpientes, y hasta uno que tiene cinco ojos en su frente, todo tipo de rarezas inimaginables en la naturaleza creada por Dios; sin embargo, viven una vida normal, porque no tienen conciencia de la monstruosidad de sus exclusivas figuras. Pero todo cambia cuando, por un azar, en su medio entra el "Monstruo", una bella e inocente niñita que infantil e ingenuamente trata de relacionarse con ellos. El resto de la trama gira alrededor de todas las medidas que los verdaderos monstruos toman para eliminar a la que ellos consideran un "monstruo".

La gente tiene muchos prejuicios hacia quienes hacen la voluntad de Dios. Recientemente ocurrió algo en una de las iglesias que ministré: Estábamos en conferencias evangelizadoras, la iglesia estaba totalmente llena de visitas, y la música se podía escuchar hasta en la calle. El ambiente inusual atraía a todos cuantos pasaban por la avenida de enfrente, la mayor parte de los cuales se detenía a observar lo que sucedía dentro del templo; miraban y escuchaban durante unos instantes, y luego, indiferentes, continuaban su rutinario camino. Pero de pronto noté que una joven se había detenido más tiempo que el resto de los transeúntes, e incluso, me di cuenta que se había recostado a la reja principal de la entrada, y que desde allí, abstraída en sus más recónditos pensamientos, aparentemente atendía la programación. Entonces salí con el propósito definido de acercarme a ella e invitarla a pasar al templo; la saludé cortésmente, pero el simple saludo dio lugar a un diálogo profundamente revelador:

—Buenas noches joven—saludé—, ¿desearía pasar y estar más cómoda?

—¿Usted quién es?—preguntó.

—El pastor—respondí.

—¿Puede contestarme una pregunta?

—Por supuesto, dígame qué desea saber.

—¿Es cierto que detrás de aquella cortina enorme, hay una piscina llena de agua y que cuando una muchacha se va a casar usted la mete allí dentro con traje de novia y todo lo que trae puesto?

Indudablemente, la gente que no es como nosotros tiene muchos prejuicios acerca de cómo somos, y qué hacemos. Por todas partes se ve a Dios como un ser arbitrario y extremista capaz de exigir las más ridículas extravagancias, y los peores sinsentidos.

Por eso Jesús presenta dos posturas diametralmente opuestas entre sí, dos modos de vida contrastan con certeza: el egoísmo del hijo y el amor desinteresado del padre por su hijo. Y, precisamente, es eso mismo lo que mejor indica la diferencia entre el carácter del hijo y el del padre. En la petición del hijo se observan actitudes que desenmascaran su verdadero interés, la raíz natural de su comportamiento, y resaltan los modales que ponen de manifiesto el desarrollo de ciertos pecados y el más completo desarraigo de los valores de la casa paterna; cuyas consecuencias a la postre lo llevarán muy lejos del hogar que antes amaba.

Asombra el modo como Jesús resalta el egoísmo que se desprende de la atrevida petición del hijo menor, "Padre, dame la parte de los bienes que me corresponden" (Lc. 15:12).

Lo primero que destaca la historia es la plena convicción del hijo de que existe un padre: dice claramente "Padre", lo reconoce, conversa con él; es capaz de exigirle ciertos derechos, pero no lo ama, no confía en él. Se diferencia de la oveja, porque ella no sabía de nada, su falta había ocurrido en medio de su incapacidad de discernir entre el bien, y el mal. Pero él está ahí diciendo: "Padre"; ¡comprende que tiene un padre!, pero a su vez no desea más estar con él, prefiere tomar lo suyo y marcharse. Piensa que en la independencia está el éxito y la felicidad de su vida futura. A diferencia de la oveja, él tiene la capacidad de pensar y elegir por sí mismo.

Pero lo segundo que Jesús destaca en la historia es el desbordante egoísmo del hijo, el cual exige: "dame la parte de los bienes que me corresponden". No está pidiendo un favor, sino exigiendo un derecho, pide algo que él da por sentado que es suyo, que es irrenunciable. Con razón se ha comentado: "El inexperto joven pensaba que tenía el derecho incuestionable de aprovechar todos los privilegios por ser hijo, pero sin llevar ninguna de sus responsabilidades". Es evidente que se trataba de una decisión completamente planificada y bien pensada, por eso concluyó "que el único curso de acción que resolvería el problema, en la forma que él pensaba que debía resolverse, era abandonar su hogar e irse solo para vivir a su antojo". Y ni siquiera tuvo en cuenta que "el proceder que escogió era una violación directa del quinto mandamiento" (*Francis D. Nichol y Asociados*, 1978-1990, vol. 5, 797).

Sucede que el egoísmo jamás respeta leyes, ni autoridades, ni nada que pueda limitar las aspiraciones que se han salido del cause natural. Pero la terrible falta de gratitud que manifiesta en sus exigencias, finalmente rendirá su cosecha. De ahí se desprende que la última y tal vez más grave falta resulte ser la despiadada ingratitud que ha invadido la vida del hijo. La ingratitud es un pecado terrible, porque trata como basura todo cuánto alguien haya hecho por la persona ingrata. Antonio Maceo, uno de los próceres independentistas de Cuba dijo: "Las deudas de gratitud son impagables"; y seguramente lo dijo porque comprendía que quien agradece un favor nunca encontrará la manera de pagar suficientemente lo que alguien haya hecho por él en un momento de dificultad y gran pena. Así mismo Jesús describe las acciones de un hijo ingrato, un hijo a quien ya no le importa cuánto su padre hizo por él en el pasado, alguien, para el cual, nada que se haya hecho vale realmente algo.

Imaginemos a un pequeño bebé que nace en cualquier hogar, no interesa si es pobre o rico ese hogar. Pensemos en todos los preparativos que se realizan cuando va a nacer un hijo, claro, siempre de acuerdo a las posibilidades y necesidades de cada familia; y junto a todo eso, imaginemos la desbordante ilusión de los padres que esperan con ansiedad el tiempo requerido. Y no solamente llaman la atención los aspectos materiales, sino también, salud, educación, y todas las expectativas que cualquier padre posee acerca del futuro de un hijo que anuncia su nacimiento. Y que sin tomar en cuenta todos esos sacrificios, ese hijo pide lo suyo y se marcha del hogar.

Es lo que Jesús relata a sus oyentes, el atrevimiento de un hijo que por encima de las perspectivas pasadas y futuras de la familia, pone su interés material. Esa actitud del hijo tiene un solo nombre: "egoísmo". Y el egoísmo es la raíz de la que se nutre continuamente el pecado. Por eso la Biblia señala que la "Raíz de todos los males es el amor al dinero, el cual codiciando algunos, se extraviaron de la fe, y fueron traspasados de muchos dolores" (1 Ti. 6:10).

Este padecimiento que tanto mal ha causado y causa en la actualidad, surgió allá en el cielo, cuando apareció alguien que reclamó lo que por derecho propio no le pertenecía. El profeta Isaías, por inspiración divina describe ese hecho de un modo muy singular y didáctico, porque con un pequeño monólogo resalta el carácter egoísta que se desarrolló en Lucifer antes de venir a esta tierra: "Subiré al cielo; en lo alto, junto a las estrellas de Dios, levantaré mi trono, y en el monte del testimonio me sentaré . . . Sobre las alturas de las nubes subiré, y seré semejante al Altísimo" (Is. 14:13-14).

Es fácil notar que en su modo de pensar Lucifer razona de un modo profundamente egoísta, y que por esa razón no se preocupa por nadie más que de él, él, y solamente él. Toda su plática está conjugada en primera persona: "Subiré", "levantaré, "mí . . .", "me", "sentaré", "subiré", y "seré". Cualquiera puede darse cuenta de que todas sus aspiraciones se conjugan en primera persona. Porque todo lo que deseaba era apropiarse del poder y la autoridad que no le correspondían. Pienso que ese discurso luciferino no está registrado allí por puro trámite, por curiosidad, o sencillamente porque Isaías quiso escribirlo; no, sino que, todo lo contrario, ese discurso aparece registrado como una advertencia universal contra el orgullo.

Luego Satanás trasladó sus aspiraciones egoístas a la primera y feliz pareja en el huerto de Edén, y les garantizó: "Serán abiertos vuestros ojos, y seréis como Dios" (Gn. 3:5). Aquella recomendación también estaba llena de egoísmo y de desconfianza hacia su creador. Satanás puso en la mente de ellos la peregrina idea acariciada durante tanto tiempo por él mismo, y que ahora frustrado y derrotado se veía imposibilitado de alcanzar: el deseo de gobernarse y de hacer la voluntad propia. Desde entonces el egoísmo es el combustible que mueve al pecador, y continúa siendo uno de los fundamentos esenciales del pecado. A partir de ese momento, se ha comprobado que el egoísmo conduce directamente a la rebelión contra Dios.

Después de semejante revuelta en el cielo y en la tierra, no asombra para nada escuchar a un hijo, que sin el más mínimo reparo, y desposeído del más ínfimo vestigio de amor, de reconocimiento personal, y de humildad; se para ante su padre, y exigente, decidido, y poseído de una arrogancia absolutamente auto embriagante le comunica: "dame la parte de los bienes que me corresponde". Sin lugar a dudas ha hecho un plan contando con algo que no le pertenece pero que cree tener el derecho de poseer. Él también desea independencia, quiere tener lo suyo propio, pero . . . ¿Qué lo motiva a tomar una resolución de esa índole? ¿Tan drástica? ¿Tan radical? En el fondo, en lo más íntimo de su corazón, ha dejado de confiar en su padre y sencillamente ya no lo ve como antes. Porque ahora lo que más anhela es independizarse de quien siempre significó todo para él. Y por otro lado, confía ciegamente en el éxito inexistente de su descabellada suficiencia propia.

A todo lo largo de 30 años de experiencia pastoral, al tratar directamente con los débiles en la fe, con los alejados, y con la apostasía en general, he notado que en las decisiones de quienes se alejan de Dios sobresale el egoísmo; porque en ellos prima un interés desmedido por las ambiciones personales y los presuntos logros y ventajas materiales que supuestamente se podrían obtener sin el pretendido obstáculo que conlleva ser fieles a Dios. Cuando entrevisto a los que se marchan de la iglesia, normalmente les hago dos preguntas específicas: ¿Por qué deja a Cristo?, y ¿Piensa que un día volverá a elegir a Cristo como su salvador personal? En cuanto a la primera pregunta, la mayoría de las respuestas normalmente coinciden en los siguientes aspectos: "quiero ser alguien", "deseo estudiar", "la iglesia trae muchos problemas sociales", "soy joven, y quiero divertirme", "la iglesia prohíbe muchas cosas", "me gusta hacer lo que quiero", "porque la iglesia no da nada" . . . , y otras muchas respuestas parecidas. Por supuesto, todas conjugadas siempre en primera persona. Ninguna involucra la necesidad de un salvador.

Sin embargo, la segunda pregunta: ¿Piensa que un día volverá a elegir a Cristo como su salvador personal? Tiene algunas respuestas aparentemente positivas: "tal vez, cuando alcance mis metas personales", "cuando viva mi juventud", "cuando me gradúe", desde luego, una larga lista de excusas, las cuales, igualmente siempre van sujetas a una conjugación en primera persona: cuando yo . . . , cuando me . . . , si me . . . , si logro . . . , si encuentro . . . Y si digo que son respuestas aparentemente positivas, es porque son soluciones que ponen condiciones a Dios; que continuamente colocan los logros personales por encima de la voluntad expresa del Padre celestial. Si me das esto, si alcanzo tal objetivo, y si . . . , y si . . . , y si . . . Son remedies que dependen absolutamente de la satisfacción egoísta de los deseos y aspiraciones humanas.

Lo realmente sorprendente es que la persona que abandona a Cristo pone delante de las cosas espirituales las aspiraciones personales y las ganancias materiales de la vida, olvidando el sabio consejo de nuestro Señor Jesucristo: "Mas buscad primeramente el reino de Dios y su justicia, y todas estas cosas os serán añadidas" (Mt. 6:33). Por tanto, un elemento común existe en quienes abandonan al Padre celestial: el materialismo; es decir, el amor desmedido por las cosas, y en especial, el interés excesivo por el dinero y la fama han pasado a ser el elemento central y el objeto cumbre de todas las aspiraciones de quienes se alejan de Dios. Por eso aparece un hijo que dice a su amoroso padre, "Padre, dame la parte de los bienes que me corresponde". Porque Jesús ve ahí uno de los peligros que más amenazan a quienes pudieran ser salvos.

Pero el hijo del relato además da por sentado que es un derecho que posee y sugiere que alguien se lo está estorbando, y que él debe poder realizar su plena y decidida voluntad. Razón por la cual se afirma que "el hijo menor representa en la parábola a los publicanos y los pecadores" (*Francis D. Nichol y Asociados*, 1978-1990, vol. 5, 797). Por lo tanto, para él no existe otra salida que no sea la independencia, y vivir sin restricciones es de suma importancia para alcanzar la supuesta felicidad que tanto desea. Esta actitud recuerda el lema favorito del actual gobierno cubano al tratar con sus clientes y con la población en general, la cual, cuando se dirige a comprar algo, está obligada a confrontarse cara a cara con la advertencia: "LO MÍO PRIMERO", anuncio que continuamente se exhibe en tiendas, comercios, y lugares públicos.

Pero en medio de tanta ingratitud y egoísmo, Jesús resalta la manifestación de ciertos atributos divinos que se oponen diametralmente a la actitud del utilitario y desagradecido hijo. Y enseña que en su amor y misericordia Dios nos dio libre albedrío, o lo que es igual, capacidad de autonomía y elección propias. Es gracias a ese don, que ahora el hijo ama más al dinero que a todo cuanto hubiera estimado antes, y por eso cree que ese es el único problema real que tiene en su vida. Gracias al libre albedrío que Dios le ha dado, desea dar un uso diferente a las bendiciones que el padre le otorga. Le parece que alejado del padre puede alcanzar algunos bienes adicionales a los que ya posee: físicos, materiales, intelectuales, sociales, y de cualquier otro tipo. Vida, salud, dinero, amigos, y todo cuanto pueda satisfacer sus deseos enfermizos de prosperidad, bienestar, y felicidad, sin reparos, son puestos en juego.

Marcos era un joven cristiano, y como muchos otros, él también había abandonado a Cristo. Sencillamente, quería divertirse, y como cualquier otro joven que no conoce a Jesús creía que necesitaba disfrutar de los beneplácitos del mundo. Pero, a pesar de que hacía tiempo andaba lejos de los caminos de Dios, su iglesia aún lo amaba. Y todavía su nombre estaba inscripto en el libro de feligresía de su iglesia.

Como a veces era su costumbre, un día visitó su iglesia y todos los hermanos volvieron a darle la bienvenida;—aunque nunca se supo a ciencia cierta si estaba allí porque alguien lo invitó, o si simplemente sintió la voz del Espíritu que lo llamaba—. Lo que sí se recuerda es que aquella noche Marcos tomó la decisión de regresar a los caminos de Dios. Pero pocos días después, sus amigos de la calle volvieron tras él, aquellos mismos que él buscaba desde hacía bastante tiempo atrás, los mismos con los cuales había emprendido el camino del alejamiento de Dios, ahora estaban nuevamente en su casa para arrástralo otra vez hacia la mundanalidad.

—Venimos a buscarte para una fiesta,—le dijeron.

—He decidido volver a la iglesia, lo siento mucho, pero no puedo ir con ustedes,—dijo.

No obstante, a pesar de eso, y tras las insistencias de ellos, Marcos cedió una vez más. Al otro día, cuando su cadáver yacía tendido en la funeraria, y junto a su familia, los hermanos de la iglesia se lamentaban por él; algunos de sus amigos, sobrevivientes del accidente de tránsito de la noche anterior, lloraban y decían: "él no quería ir", "él no bebió ni siquiera un trago", "él no se divirtió anoche", "estuvo toda la noche ahí pensativo, sentado con la cabeza baja . . .". Pero Marcos había sido víctima de la embriagues de aquellos que ahora desconsoladamente lloraban por él. Él había sido el único muerto. La separación de Dios no puede tener otra consecuencia que la muerte, "Porque la paga del pecado es muerte" (Ro. 6:23).

Jesús lo advierte por anticipado, una y otra vez se ha repetido la triste experiencia de quienes fracasaron y sucumbieron a sus propios anhelos egoístas e incontrolados; los cuales, llevados por el egoísmo producido y desarrollado por una tendencia independiente, en que se llega a desear, por encima de todo la separación de Dios, nunca percibieron el verdadero costo de la ausencia de un padre. Pero Jesús desea que todos comprendan hasta dónde alcanzan realmente la paciencia y el amor divinos.

Amor y desinterés del padre

Después del inoportuno pedido, frente a la falta de confianza y al rechazo de la autoridad paterna manifestada por el joven del relato; con solo cinco palabras Jesús expone de un modo magistral el buen juicio, la prudencia, y el desinterés del padre. Para asombro de todos, al manifestar el desprendimiento natural del padre, usa solamente la mitad de las palabras pronunciadas por el hijo cundo dejaba en claro sus intereses egoístas. De un modo claramente convincente declara: "Y les repartió sus bienes", esclareciendo así el amor y el buen juicio de Dios (Lc. 15:12).

Exponiendo ante el juicio de todos que el "carácter independiente y egoísta del hombre", categóricamente contrasta con el "carácter amante y desinteresado de Dios".

Al meditar en este hecho sin precedentes, a veces no falta quien piense: "el padre no debió ceder tan fácilmente". Pero cuando alguien piensa de ese modo ¿a quién está defendiendo? En realidad, ¿defiende al padre, o también está interesado en los bienes del padre? Porque lo natural, lo verdaderamente humano, es que, como pecadores, no podemos evitar la tendencia materialista que continuamente nos acecha: el egoísmo. Y a veces, incluso, caemos en la tentación de apropiarnos hasta de los bienes del padre; y declaramos: "¿Por qué Dios se lo dio? ¿Merecía él semejante beneficio?". Sin embargo: "Cuando alguien se molesta porque otro recibió algún favor que él no ha podido obtener, es hora de que se arrodille a orar".

Porque existe una gran verdad universal: "Dios es soberano", y de acuerdo a esa verdad, hay algo muy cierto en esta vida: él puede hacer como quiera con lo suyo; como lo advirtió a Nabucodonosor por medio del profeta Daniel: "Hasta que reconozcas que el Altísimo domina sobre el reino de los hombres, y a quien él quiere lo da" (Dn. 4:32). Verdad, que el propio Pablo confirma al afirmar que el Espíritu de Dios reparte a cada persona individualmente "como él quiere" (1 Co. 12:11). Y que Santiago, al aconsejar a los hijos de Dios, aconseja que en todo cuanto hacemos siempre deberíamos contar con su voluntad expresa y reconocer que solo llevaremos a cabo nuestros deseos "si el Señor quiere", y que únicamente si él lo desea "viviremos y haremos esto o aquello" (Stg. 4:15).

Sin embargo, a pesar de esa gran verdad, la cual pone a Dios por encima de todo cuanto existe y muestra que "Dios es soberano", Elena de White revela que una sabia realidad se impone, porque: "Dios desea de todas sus criaturas el servicio que nace del amor, de la comprensión y del aprecio de su carácter". Y asegura que "no halla placer en una obediencia forzada", y que por eso "otorga a todos libre albedrío para que puedan servirle voluntariamente" (*Historia de los Patriarcas y Profetas*, 1955, 12-13).

Y es precisamente gracias a esa "sabia realidad" impuesta por Dios que el padre escucha tranquilo y amoroso la inapropiada petición del desagradecido hijo y toma una decisión que sostiene irrenunciablemente los cimientos de su gobierno: permitir que su buen juicio y amor desinteresado continúen reinando a plenitud, y que de ese modo no se rompa la perfecta armonía de todo su gobierno. Razón que justifica la existencia de ese sagrado derecho a elegir que él ha concedido a todas sus criaturas. Verdad, que conduce a Juan a una categórica caracterización del Creador del Universo, y a exclamar "Dios es amor" (1 Jn. 4:8). Y toda la naturaleza y la Biblia misma declaran que desde la eternidad el amor es la base suprema del gobierno de Dios.

En definitiva, Dios envió a su hijo para ofrecernos algo mucho mayor que unos pocos bienes materiales, porque él vino "para dar su vida en rescate por muchos" (Mt. 20:28). Y el verdadero símbolo del amor es que "Él puso su vida por nosotros" (1 Jn. 3:16). Y, Juan recuerda además que "Dios no envió a su Hijo al mundo para condenar al mundo, sino para que el mundo sea salvo por él" (Jn. 3:17). Razón por la cual Dios no acepta ningún servicio que no sea por amor, porque no envió a su hijo al mundo para quitar, ni para conquistar bienes, sino que el vino a dar, y a "dar vida en abundancia" (Jn. 10:10).

Pero muchas veces los seres humanos exigen todo lo contrario a la voluntad divina. Por ejemplo: Calígula y Cambises pueden ser ejemplos del desenfrenado orgullo humano: dicen que el emperador romano Calígula decía a menudo: "No me importa que me odien, pero que me teman". Y de Cambises, el hijo de Ciro el Grande, la historia recuerda un hecho no menos egoísta: Cuentan que un día Cambises llama a Creso, y luego de tenerlo ante sí le pregunta: "Creso, dime: ¿en qué no he sido capaz de superar a mi padre?". Creso, quien había sido rey de Lidia y a la sazón, derrotado y perdonado por su captor, permanecía condenado a servirle fielmente a Cambises, y a vivir como alguien que era poca cosa más que un esclavo, y quien ante semejante pregunta, indudablemente temía más por su vida que por la posibilidad de no complacer al orgulloso monarca, trató de ser lo más indulgente posible; y haciendo uso de la fama de inteligente que gozaba, medita profundamente por un instante, y recordando que el tirano sufría porque la naturaleza le había privado de la posibilidad de procrear, le dice: "No has sabido darnos un hijo tan inteligente como el que nos dio tu padre".

Dice la historia que inmediatamente la megalomanía del rey se sintió profundamente alagada por aquella fina lisonja, y Creso volvió a preservar su existencia. Todas estas actitudes están fundadas sobre el orgullo, el egoísmo, y la avaricia, y contradicen la explícita voluntad de un Dios que es amor. Y está claro que tanto Calígula como Cambises se inspiraban en el orgullo y el egoísmo. Y que ambos infundían mucho miedo a quienes continuamente les servían. Porque el fundamento primordial de sus gobiernos era infundir el pánico. Y sucede que esa también es una de las bases fundamentales del gobierno de Satanás, perennemente el egoísmo y el miedo han sido sus armas fundamentales y predilectas. Y siguen siendo las armas predilectas de cuántos tiranos existen en el mundo. De manera que en cinco sencillas palabras, Jesús expresa el buen juicio y total desinterés del padre: "y les repartió sus bienes" (Lc. 15:12).

Hace muchos años, cuando apenas comenzaba mi ministerio, en una pequeña iglesia que estaba dentro de mi distrito asignado, encontré una señora que estaba muy disgustada con Dios y con la iglesia; así que pronto fui a visitarla con el propósito de ayudar a su salud espiritual. Pero, cuando nos sentamos juntos a dialogar sobre su experiencia cristiana, de repente comenzaron a salir a la superficie algunos de los males que la aquejaban y que seguramente eran la causa de su rebelión contra Dios: Ella era una de esas hermanas profundamente amargada, quejosa de todos los hermanos de la iglesia, y de todos cuantos la rodeaban, siempre vivía llena de insatisfacciones de todas clases; y además, acusaba a Dios de no escuchar sus muchas oraciones y súplicas.

Después de hablarle y tratar de animarla durante largo rato, le dije: "Usted que se siente tan desatendida de su iglesia, y especialmente de Dios, Que acusa a Dios de no darle nada a Ud. ¿Le devuelve a Dios la parte que es de él?" Hasta ese momento había estado tranquilamente sentada frente a mí, pero de repente, al analizar la pregunta que le acababa de formular, puesta en pie, se lanza bruscamente hacia adelante y muy próxima a mí, manotea violentamente y grita amenazadora: "No voy a dar dinero para que usted se ponga esas corbaticas bonitas que siempre trae". Hermana, Dios no quiere nada suyo—dije—, él solamente desea ser generoso con usted, ahora me doy cuenta por qué se siente tan abandonada de todos. Y si no devuelve a Dios lo que es de él voy a seguir usando estas corbatas, porque afortunadamente me las regalan; pero usted seguirá perdiendo las ricas bendiciones del único que da algo sin esperar nada a cambio.

Precisamente, por causa del egoísmo, pensando sabiamente, alguien afirmó: "El nervio que más duele cuando lo tocan es el que va directamente al bolsillo". Dios mismo ha dicho: "Hay quienes reparten, y reciben más de lo que dan. Y hay quienes retienen más de lo que es justo, y van a pobreza" (Pr. 11:24). Y San Pablo agrega "El que siembra escasamente, también segará escasamente; y el que siembra generosamente, generosamente también segará" (2 Co. 9:6). Esto demuestra que el verdadero interés de

Dios no está en los bienes, sino en tu salvación. Por esa razón, en el mismo inicio de la parábola, Jesús contrasta el egoísmo y el desagradecimiento del hijo con la generosidad y buen juicio del Padre. Y pone de manifiesto una de las leyes por las cuales todos somos capaces de demostrar al mundo cual es nuestra verdadera intención: "La ley del libre albedrío". El no desea de ninguno de nosotros un servicio obligado.

Elena G. de White refiere: "Dios puso al hombre bajo una ley, como condición indispensable para su propia existencia. Era súbdito del gobierno divino, y no puede existir gobierno sin ley. Dios pudo haber creado al hombre incapaz de violar su ley; pudo haber detenido la mano de Adán para que no tocara el fruto prohibido, pero en ese caso el hombre hubiese sido, no un ente moral libre, sino un mero autómata. Sin libre albedrío, su obediencia no habría sido voluntaria, sino forzada. No habría sido posible el desarrollo de su carácter. Semejante procedimiento habría sido contrario al plan que Dios seguía en su relación con los habitantes de los otros mundos. Hubiese sido indigno del hombre como ser inteligente, y hubiese dado base a las acusaciones de Satanás, de que el gobierno de Dios era arbitrario" (*Historia de los Patriarcas y Profetas*, 1955, 30-31).

Un día los discípulos se le acercaron muy preocupados, y le dijeron, "Maestro, la gente te abandona", y entonces él les dijo "¿Queréis acaso iros también vosotros?" (Jn. 6:67), y fue Pedro quien respondió correctamente "¿A quién iremos? Tú tienes palabras de vida eterna" (Jn. 6:68). A Dios bien puede llamársele el Dios de las oportunidades; porque él da oportunidades y de todos modos tú eliges el rumbo que deseas dar a tu vida. ¿Quieres lo tuyo?, ahí lo tienes. ¿Quieres irte?, vete. Una lección se desprende pues de la generosa actitud del padre: Dios es un Dios supremo, pero a la vez comprensivo y amoroso, porque "Él es amor" (1 Jn. 4:8).

Tal vez una de las circunstancias vividas que más me ayudó a comprender el "desinteresado amor de Dios", fue el haber nacido dentro de una familia numerosa. Las familias numerosas a menudo sufren muchas carencias y necesidades, razón que puede ayudar a cada individuo a preocuparse también de otras personas. En cambio, los hijos únicos a veces sienten que todo lo merecen. Nunca olvidaré un hecho dramático sucedido hace años.

En un pequeño cuarto yacían tirados en una vieja cama un anciano padre y su esposa. La mente perdida, la salud quebrantada por la enfermedad, sumados además los achaques propios de los muchos años vividos. Pero afuera del cuarto su único hijo me decía:

—No sé cuánto va a durar esta situación, lo que me ha tocado es un verdadero castigo.

—Recuerda lo que ellos hicieron por ti—dije.

—Usted lo ve fácil—replicó—, porque ustedes son muchos y podrán compartirse el problema cuando les llegue.

—Pero recuerda,—respondí—, cuando en tú casa había un solo dulce, era para ti, en cambio, en la mía había que compartirlo entre ocho; a penas alcanzábamos a una pequeña porción.

Mientras así debatíamos la cuestión que él estaba viviendo con sus ancianos y enfermos padres, yo recordaba a aquél anciano cuando todavía era un hombre fuerte. Siempre andaba por la calle caminando mientras vendía caramelitos y otras golosinas para ayudar a su único hijo, quien a la sazón estudiaba una carrera universitaria. Ahora el hijo, graduado universitario y satisfecho por los logros alcanzados, apenas podía soportar la presencia de aquellos guiñapos humanos que yacían inermes confinados a tan austero y escaso espacio.

Por eso, en estos dos primeros versículos del relato Jesús expone la verdadera naturaleza acerca de la tremenda diferencia existente entre el hombre y Dios, y de un modo sencillo presenta la consistencia del verdadero contraste entre un Dios que nos creó, nos redimió, y aún nos sostiene; y una criatura llena de orgullo, egoísmo, y ambiciones de todas clases, que en su interior siempre aspira a romper con los vínculos que una vez lo hicieron ser lo que realmente es.

En solamente quince palabras, "Padre, dame la parte de los bienes que me corresponde, y les repartió los bienes", Jesús pone de manifiesto "el carácter egoísta del hombre, frente al carácter amante y desinteresado de Dios". Presenta a un Dios cuyo amor es el más desinteresado de todos, y el cual, a pesar de la rebelión humana, nos permite la oportunidad de escoger nuestro propio camino. Es a esa oportunidad de elección a la que le llamamos "amor liberador", porque muestra a un Dios desinteresado que, junto a la oportunidad de que existas, te regala la oportunidad de elegir libremente tu destino.

Investigadores y estudiosos afirman que "Las parábolas de la oveja perdida y de la moneda perdida dan realce a la parte de Dios en la obra de la redención, mientras que la parábola del hijo pródigo destaca la parte que tiene el ser humano en responder al amor de Dios y actuar en armonía con él" (*Francis D. Nichol y Asociados*, 1978-1990, vol. 5, 797).

Razón que hace notorio esa desconcertante decisión del padre ante la inesperada actitud del hijo, y pone de manifiesto que Dios hace su parte realizando todos los esfuerzos posibles para salvarnos, pero que finalmente nuestro derecho a elegir se impone, y que cada uno tiene la oportunidad de responder a la iniciativa divina. Pero Jesús aconseja: "Más buscad primeramente el reino de Dios y su justicia, y todas estas cosas serán añadidas" (Mt. 6:33).

CAPÍTULO 4

CARENTES DE AMOR

El 1ro de enero de 1959 marcó en Cuba un antes y un después. Todos los postulados filosóficos, históricos, y espirituales, los cuales durante cientos de años sirvieron de base a la sociedad cubana, repentinamente fueron derrumbados y sustituidos por otros importados de la Europa atea y materialista. Las ideas marxistas llenaron casi todos los espacios sociales, quedando radicalizadas como fundamento básico de un supuesto materialismo dialéctico que rayaba más en un fanatismo político e ideológico que en un cambio filosófico real, pasando a ocupar inmediatamente el primer plano en todos los aspectos cotidianos de la vida de la mayor parte de los cubanos. De ese modo la nueva filosofía existencialista ocupaba absolutamente todo: lo educacional, lo laboral, lo social, lo espiritual, y hasta lo familiar.

Fue una época de enormes cambios sociales. Mucha gente abandonaba a Dios y cambiaba todo lo espiritual por lo material: Dios fue sustituido por el estudio. El respeto a la familia por la obediencia ciega a un sistema político. Las amistades creyentes por las no creyentes. La Biblia por las filosofías materialistas y ateas. La navidad por las fiestas políticas; y cualquier concepto creacionista y todo cuanto recordara la fe religiosa era combatido y perseguido ferozmente. Esas creencias—según decían—, eran tabúes que pertenecían a un pasado de oscuridad e inconsciencia social. Antes del sorprendente fenómeno social, en la puerta de muchos hogares aparecía un pequeño letrero que decía "Solo Cristo salva", pero pronto muchos de esos mensajes cristianos fueron sustituidos por una chapilla metálica que decía, "Fidel esta es tu casa". Miles, o tal vez millones de personas rompieron con el pasado espiritual de la familia cubana para enfilar hacia un futuro materialista basado en la dialéctica europea del siglo XIX. Y mucha gente abandonó total o parcialmente todo cuanto evocaba el amor y el culto a Dios.

Ya Jesús había hablado de un proceso semejante dentro del corazón de ciertas personas, de las cuales, el "hijo perdido" es un ejemplo evidente. Cuando el "hijo pródigo" pidió a su padre la parte que él consideraba suya por derecho propio, no dijo lo que después haría con ella, porque probablemente ni siquiera había pensado en ese detalle. Pero, el padre mostró su buen juicio al dársela sin poner el más mínimo reparo, manifestando además las bases fundamentales de su gobierno: amor y libertad plenos. Y al hijo recién liberado correspondía decidir lo que haría con esa parte que tan efusivamente había reclamado para sí. Por eso Jesús continúa calmadamente su relato: "No muchos días después, juntándolo todo el hijo menor, se fue lejos a una provincia apartada; y allí desperdició sus bienes viviendo perdidamente" (Lc. 15:13).

Comúnmente, sucede que cuando algunos abandonan la fe, dicen: "Pastor, créame, en mi casa seguiré estudiando, orando, creyendo, y cumpliré con cada uno de mis deberes espirituales; porque para ser cristiano no hace falta asistir a la iglesia. Solo que ahora necesito darme un tiempito con la iglesia para solucionar algunas cuestiones personales, porque en definitiva, la salvación es personal. Pero . . . , casi siempre ocurre que "no muchos días después . . .", se agravan los problemas espirituales. Por inspiración divina Isaías afirma que quienes abandonan a Dios no pueden vivir tranquilos porque "los impíos son como el mar en tempestad, que no puede estarse quieto" (Is. 57:20). Y ciertamente, el que se aleja de Dios no se va a estar tranquilo ni un segundo.

Así, no sorprende a nadie que rápidamente el hermano menor comienza a poner en práctica su plan personal. Obviamente, todo lo que él haga con su vida va a tener repercusiones para bien o para mal. Y creo que eso es precisamente lo que más refleja el versículo 13 del capítulo 15 del evangelio según San Lucas; en el cual, un corto y único párrafo, narra un largo proceso de descomposición humana y espiritual. Demostrando que cuando el ser humano se libera de Dios automáticamente comienza a descomponerse. Porque sin el gobierno divino la vida y las decisiones personales quedan totalmente a la deriva.

Por lo que, en pocas palabras Jesús describe el daño de carácter que este hijo comienza a padecer a causa del abandono de la confianza en su padre, y narra las decisiones desafortunadas tomadas por el inexperto muchacho: "poco tiempo después", las cuales, tomadas en medio de su desmedida ambición personal, pueden conducir al colapso de toda su vida, no solo espiritual, sino incluso físicamente.

Desprecio de todo cuanto amó

La primera decisión desafortunada que toma el hijo pródigo después que obtiene su parte de la herencia es el "desprecio de todo cuanto antes amó", por esa razón decide deshacerse de todo lo que alguna vez fue de valor para él, y todo lo que alguna vez constituyó algún motivo de satisfacción familiar. Solo con las dos sencillas palabras "juntándolo todo" (Lc. 15:13a), Jesús define esta primera etapa del proceso de descomposición personal que ya venía desarrollándose secretamente en el interior de alguien que inicialmente pensaba que todo lo que requería era "independencia".

Sin dejar lugar a dudas, esta primera decisión desafortunada que el joven toma, revela el deterioro espiritual que ya venía desarrollándose dentro de él, deja ver la radiografía de un carácter profundamente dañado por una filosofía materialista y hedonista de la vida. Es obvio que esas dos palabras "juntándolo todo" significan más que vender tierras, esclavos, animales, sembrados, granjas, casas, carros, o cualquier otro medio económico que forme parte de una herencia determinada; esas dos palabras definen el desencadenamiento lógico de un proceso de descomposición personal que ya venía desarrollándose internamente dentro de él. "Juntarlo todo", significa despreciar todo aquello que una vez fuera importante para él, y que aún lo es para toda su familia. Ya no le importa nada, ni le interesa nadie, lo único que para él tiene sentido ahora es hacer su propia voluntad, convertir toda la herencia en dinero para gastar.

La experiencia personal me ha enseñado muchas cosas sobre la familia. Soy el mayor de una familia de ocho hijos, dos hembras y seis varones. Mi madre había heredado de su padre una pequeña parcela de tierra, la cual él había sembrado de árboles frutales que continuamente producían muchos frutos cada año. Cuando nací, ya había allí deliciosos mangos, dulces naranjas, ciruelas, mandarinas, guayabas, cocos, toronjas, tamarindos, y algunas otras frutas.

Desde que éramos pequeños mamá siempre decía: "Cuando mis hijos sean grandes quiero que todos vivan aquí"; hasta había imaginado cómo quedarían ubicadas las viviendas de sus ocho hijos. Siempre le oía decir: "no quisiera que un día vendieran esto, o metieran extraños aquí, porque este pedazo de tierra me lo dio papacito". Consideraba su propiedad como algo sagrado, algo más grande que un pequeño pedazo de tierra de unas pocas hectáreas cuadradas; para ella, aquella herencia era algo que representaba la historia de toda una vida familiar. Todo esto pasaba porque en cada metro cuadrado y en cada árbol había un pedazo de su propia vida, o de la vida de cualquiera de sus antepasados.

En cada época se ha repetido la misma historia, el ser humano siempre ha sido el mismo: un eterno devoto de sus anhelos más íntimos, de sus recuerdos más acariciados, de sus aspiraciones más increíbles, de sus sueños más irrealizables, y hasta de sus sentimientos más profundos, siempre entretejidos poderosamente con los valores familiares más valiosos. En cualquier propiedad familiar, cada metro cuadrado de tierra y cada árbol en particular, continúan teniendo una historia que referir, porque hablan del amor con que nuestros abuelos y padres erigieron nuestras familias. Pero de repente aparece alguien dentro de la propia familia que pide una parte, probablemente la tercera parte de todo; y de un golpe decide deshacerse de todo lo que, hasta entonces, ha constituido el orgullo de cada miembro de la familia.—Recordar que según la tradición judía, cuando eran dos hermanos al menor le pertenecía solo la tercera parte de toda la herencia.

Cualquiera puede imaginar la tragedia de aquella familia cuando repentinamente se dan cuenta que el joven está vendiendo parte de la propiedad que durante toda una vida ha significado el sustento de la familia; esa acción debió acarrear mucha tristeza sobre el hogar familiar. Porque "juntándolo todo" significa convertir en efectivo cada valor económico que pueda haber habido en aquella finca hasta ese instante. Quiere decir que no solo se pierden de una vez ciertos valores económicos indispensables para realizar un buen negocio: tierras, sembrados, animales, huertos, inmuebles, y todo cuanto pueda producir ganancia; sino que además, con aquella venta, también desaparecen definitivamente los valores éticos, morales, sentimentales, históricos, y espirituales. Se hunden en el olvido, la familia, las tradiciones más caras, y las perspectivas de todo buen padre: mantener su familia unida.

Igualmente, cuando abandonamos a Dios, comenzamos a dejar de pensar en los demás, y un egoísmo despiadado comienza a controlar todo nuestro ser. Ya no importa papá, o mamá, si sufren que sufran, pero yo tengo que divertirme a mi manera; en definitiva, a nadie le importa lo que yo hago o pienso, porque yo hago con lo mío lo que me viene en ganas.

Este es el pensamiento común de la mayor parte de los seres humanos que han decidido vivir su vida liberalmente, sin sujeción, y emancipados de interferencias familiares. Son personas que se olvidan completamente de la sabia advertencia pronunciada por el apóstol Pablo: "Porque ninguno de nosotros vive para sí, y ninguno muere para sí" (Ro. 14:7).

El egoísmo hace que muchos ignoren que todos, para bien o para mal, dependemos los unos de los otros. Es por esa razón que el joven de la parábola no tiene escrúpulos de desintegrar todo cuanto alguna vez tuvo algún significado para él. Y esa tendencia anuncia exactamente el mismo comportamiento para quienes en la actualidad deseen tomar el mismo camino. Por eso, se ha dicho con razón que "el pecado ciega a los culpables".

Eduardo era un joven cristiano, como muchos otros, se había casado con una joven también cristiana, y como fruto de esa unión, habían recibido el maravilloso regalo de dos saludables y hermosos vástagos. En el orden espiritual ambos ocupaban importantes puestos de responsabilidad en la iglesia. Su hogar funcionaba encantadoramente, parecía un pedazo de cielo en la tierra, y la felicidad, como dice un viejo adagio, "les salía hasta por los poros". Pero un día Eduardo se enamoró de otra mujer y decidió destruir el hogar que con tanto esfuerzo y oración habían construido; fue un caso verdaderamente triste. Pero, lo más triste de todo fue el modo como Eduardo procedió con su familia, a quienes desposeyó casi por completo de todo cuanto antes les pertenecía por derecho propio. Todos los que los conocían decían: "¡No es verdad que eso está sucediendo!" Pero nadie pudo persuadirlo para que actuara de un modo más justo y razonable.

"El pecado ciega a los culpables" porque conduce directamente a la rebelión y al abandono de los principios universalmente establecidos por un Dios santo. Solamente así puede explicarse el proceder desafortunado de alguien que antes amaba a su familia entrañablemente y respetaba todo y a todos, y de repente abandona su propia casa para unirse a otra mujer y probar suerte en un mundo hostil y enfermo. La rebelión es una enfermedad que continuamente provoca crueles e insoportables separaciones, que destruye la familia, la sociedad, y aun los más entrañables anhelos de la especie humana. Hace que se violen los votos más sagrados, se traicione la palabra empeñada, se falte el respeto a los demás, y que la mentira sustituya frecuentemente a la verdad. Luego, como una consecuencia inevitable, también puede sobrevenir el abandono de la familia, de los hijos, y de todo cuánto alguna vez se amó de corazón. Esto prueba que separados de Dios podemos llegar a despreciar aún nuestros más caros ideales y sentimientos.

Por eso es bueno recordar el consejo paulino a los romanos: "Porque ninguno de nosotros vive para sí, ni muere para sí". Reconocer esa gran verdad pudiera llegar a ser el único modo como realmente alcanzaríamos a combatir el egoísmo. Pudieran relatarse múltiples historias acerca de personas que vencieron el egoísmo amando a los demás. La familia es el pequeño núcleo celular de que está compuesta la sociedad humana, y cuando alguien comienza a separarse de ella y a despreciar los valores familiares establecidos por Dios, ha comenzado a descender cuesta abajo hacia una catástrofe espiritual de magnitudes impredecibles.

Porque cuando uno decide vivir alejado de Dios todo sucede encadenadamente, a un paso puede seguir otro peor, y eso es lo que sucedió al joven del relato.

Destierro voluntario de sí mismo

Por tanto, la segunda decisión desafortunada del joven es la disposición propia a tomar el camino del "destierro voluntario de sí mismo". En Cuba se oye decir frecuentemente: "nadie quiere a nadie", es un dicho que nace de la profunda ausencia de Dios en los corazones de las personas. Es el fruto directo de un mal producido por el tremendo vacío existencial en que continuamente se vive después de más de medio siglo de materialismo y ateísmo. Esa frase, repetida por mucha gente una y otra vez, solo sirve para justificar el mundo egoísta en que cada día vegeta una nación que dio la espalda a Dios hace más de cincuenta años. Es una frase que ayuda a muchos a huir de la realidad y, egoístamente, concentrar en sí mismos todas sus fuerzas y cada uno de los escasos recursos propios. Es un refrán que conduce a la separación, al abandono de la familia, y a romper con los compromisos y responsabilidades contraídos naturalmente con el hogar paterno.

Esta es precisamente la segunda decisión desafortunada del "hijo extraviado". Primeramente demuestra el desprecio por todo lo familiar y por todo cuanto había sido objeto de su amor. Ahora demostrará que tampoco quiere a nadie, y que ve a todos como un estorbo para su vida y para sus planes personales. Por eso Jesús dice, "se fue lejos a una provincia apartada" (Lc. 15:13b).

Algo semejante ocurrió al hombre cuando pecó y se separó de Dios. Dios creó al hombre y puso a la primera pareja en el huerto de Edén, y luego ordenó: "Por tanto, dejará el hombre a su padre y a su madre . . ." (Gn. 2:24). Sin embargo, es obvio que esa independencia recomendada por Dios se refería a una separación física y no a una ruptura espiritual. Él quería que la familia humana permaneciera unida entre sí y a la vez unida a él.

Pero la entrada del pecado alteró dramáticamente el programa divino. La primera sorpresa que se registra en la relación hombre—Dios se describe como un hecho verdaderamente dramático: "Y oyeron la voz de Dios que se paseaba en el huerto, al aire del día; y el hombre y la mujer se escondieron de la presencia de Jehová . . ." (Gn. 3:8). Tristemente, el pecado hace al hombre huir de su amante creador. Con todo, después del tenue señalamiento hecho por Moisés en el versículo ocho, en el nueve aparece un breve diálogo que explica el profundo amor de Dios por la pareja que huye, "¿Dónde estás tú?" (Gn. 3:9), pregunta Dios al hombre; "Oí tu voz en el huerto, y tuve miedo, porque estaba desnudo, y me escondí" (Gn. 3:10)—responde el hombre aterrado por su sentido de culpabilidad.

Horroriza la terrible realidad de ver al hombre huyendo aterrorizado de su creador, es por eso que me ha gustado tanto aquella expresión pronunciada en clase por uno de nuestros profesores: "Sencillamente, el pecado distorsiona la imagen de Dios en el hombre". Dios había creado a Adán y Eva con sus propias manos y les había dado todo lo que tenían, pero de repente comienzan a ver a su creador como alguien que los persigue y puede dañarlos; así que, deciden huir despavoridamente de él.

Poco tiempo después de este doloroso incidente aparece otro caso aún más dramático, el hecho se registra en tan pocas palabras que, incluso, casi siempre pasa inadvertido ante muchos creyentes sinceros: "Salió, pues, Caín de delante de Jehová, y habitó en tierra de Nod, al oriente de Edén" (Gn. 4:16). ¿A dónde fue realmente Caín después de su inconformidad con la voluntad divina?

Aparentemente la Biblia no lo registra, no obstante, un pequeño análisis demuestra que Caín, más que "salir de la presencia de Jehová", huye de Dios y de todo lo que le recuerde una relación con su Padre celestial. La propia referencia bíblica indica con una sola palabra, "Nod", el lugar a donde huye el primer asesino. Y es curioso que la palabra: "Nod", significa "errante", es decir, sin un lugar determinado (*Según referencia marginal de la Biblia Reina Valera*). Afortunadamente, la frase que sigue en dicho relato define mejor el rumbo de la huída de Caín y lo ubica yendo "al oriente de Edén". A simple vista no es fácil percibir la importancia vital del rumbo que elige Caín al huir de su Padre celestial, pero un poquito de investigación puede ayudar mucho.

Parece significativo que la ubicación del huerto, y la presencia de Dios en el Edén, desde el mismo comienzo del relato quedaron relacionadas con el "oriente". Moisés revela que "Jehová Dios plantó un huerto en Edén, al oriente" (Gn. 2:8), y más adelante agrega que "Puso al oriente de Edén querubines, y una espada encendida que se revolvía por todos lados, para guardar el camino del árbol de la vida" (Gn. 3:24). De manera que, todo parece indicar que la puerta del Edén miraba hacia el "oriente". Si esto es así, entonces la huída de Caín "al oriente de Edén", indica que al separarse de su padre, además daba definitivamente la espalda a Dios. Entonces, el corto relato de Caín, lo presenta huyendo definitivamente de Dios, y alejándose del creador cada vez más. Y no solo dejó atrás a su Padre Celestial, sino, también a su familia terrenal; Caín se apartó de todos cuantos pudieran recordarle que no se movía en el mejor de los sentidos.

Parece significativo que después del pecado cometido muchos pecadores optan por huir de Dios aterrados. Los mismos que una vez se consideraban hermanos, de repente huyen y se esconden de aquellos que antes eran vistos como familiares. Durante mucho tiempo, ellos adoraban, alababan, y se desarrollaban normalmente como hijos de Dios, pero un día empezaron a desconfiar de Dios, pensaron que ya Dios no les era muy útil y decidieron abandonarlo para siempre. Después de la decisión de abandonar al padre, los puntos de vista cambiaron de modo radical para el auto-desterrado hijo; por eso se oye decir con frecuencia:

"Cuidado, que ahí viene el pastor", o viene cualquier otro seguidor de Jesús. Algunos preguntan extrañados ¿Si hace poco era nuestro hermano por qué huye de nosotros? La respuesta es sencilla: "El pecado distorsiona la imagen de Dios en el hombre". El pecado hace ver a Dios como un tirano, al pastor como un intruso, y al miembro de iglesia como un espía que te vigila continuamente; por eso buscan desesperadamente el alejamiento continuo de todo lo que recuerde la obediencia a Dios.

Es por ello que Jesús pone de manifiesto con claridad el rumbo que toma el hijo que se separa del padre. Nadie les dijo a Adán y a Eva que se escondieran, Caín tampoco fue expulsado de la presencia de Dios, ellos mismos eligieron huir. Ahora Jesús también presenta a uno que se auto condena al destierro personal, y habla de un hijo que abandonó el hogar paterno y: "Se fue lejos a una provincia apartada", esa corta oración trasmite un mensaje inconfundiblemente claro: Es evidente que cuando alguien toma una decisión de ese tipo es porque no desea más estar con la gente que conoce, con aquellos que una vez tuvieron algún significado para él. Por iniciativa propia él está dejando atrás todo el pasado familiar, porque su decisión trata de una ruptura real con el pasado de obediencia.

Olvido del padre, de la familia, de los amigos, y de la ética; olvido de las leyes que rigen al ser física, moral, espiritual, y económicamente. "Se fue lejos a una provincia apartada", trasmite el mensaje de que no desea más intromisiones en su vida, él ansía libertad plena, y la obtendrá a cualquier costo posible. No por gusto el hermano menor representa a "Publicanos y Pecadores", quienes seducidos por los vicios y ambiciones mundanas se alejaban voluntariamente de Dios. Ellos contrastaban con los "escribas y fariseos"; y sin aparentar nada vivían libremente su pecadora vida (*Francis D. Nichol y Asociados*, 1978-1990, vol. 5, 798).

A veces aparecen padres atribulados, cuyos hijos han comenzado a transitar por el camino del alejamiento del hogar paterno y con ello también el distanciamiento del hogar celestial:

—Pastor . . . , haga algo por mi hijo—suplican desconsolados—, parte el corazón verlo alejarse de ese modo, cada día que pasa es peor, y peor . . . , ¿hasta donde llegará nuestro hijo?

—Hermanos . . . , oremos juntos—les digo—, humanamente hablando, ya no queda mucho que hacer por él. Un consejo inspirado asegura que en estos casos, lo mejor es hablar dos o tres veces con el rebelde, y luego dejarlo a él solo con Dios y su conciencia. Y otra recomendación sostiene que cuando nuestros hijos crecen y se alejan de Dios, lo mejor que podemos hacer por ellos es orar, orar continuamente a Dios.

Pero a este paso hacia la perdición, puede seguir otro que tal vez ocasione aún mayores estragos en la vida de quienes se separan de Dios.

Despilfarro de todo cuanto se posee

La tercera decisión desafortunada está relacionada directamente con una actitud de "despilfarro de todo cuanto se posee". Daba lástima aquél joven, verlo entrar a la iglesia sucio, mal oliente, malamente vestido, las ropas gastadas y desteñidas, y además raídas; puede decirse que vestido de harapos. Su aspecto deprimente y mendicante inspiraba lástima a todos cuantos lo miraban. Sin embargo, cada noche escuchaba la conferencia sentado entre la gente. Hasta que una noche, cuando salía al vestíbulo a saludar a todos, se me acercó y entre dientes balbuceó:

—Pastor . . . ¿Tendrá usted tiempo para escucharme unos minutos?

—Claro que sí—respondí—, ahora cuando despida a todos nos veremos allá en mi oficina.

—No quiero ser largo—comenzó diciendo mientras se le humedecían de lágrimas las mejillas—. No tengo que explicarle mucho, al verme sabe como estoy; no tengo donde vivir, no tengo a nadie, tampoco quiero que me den nada . . . , no vine aquí a eso. Nunca conocí a mi padre, y mi madre me abandonó y vive en los Estados Unidos; pero ella y yo estamos disgustados desde hace mucho tiempo. Oí decir que en estos días usted viajará a ese país. Por lo que lo único que quiero es que si la ve le diga cómo estoy. Acto seguido me entregó un número de teléfono para que la llamara.

Se había enterado que a menudo yo viajaba a dicho país y pensaba que podía ayudarlo a reconciliarse con su madre. Después de animarlo, de invitarlo a seguir a Cristo, y de orar con él, le prometí que haría todo lo posible por encontrar a su madre. Pocos días después, parado ante una viejecita delgada y de mediana estatura cuyas arrugas y sombrío rostro no permitían hacer un cálculo de su edad verdadera, pude percibir ¡cuánto sufrimiento padecía su acongojado corazón!

—Pase . . .—me dijo—, lo invité porque no me gusta hablar de mi hijo por teléfono, y porque quería conocerlo personalmente. Pedro . . .—continuó diciendo—, es un mal hijo. Yo tuve que venir para acá a cuidar a su hermana que está muy enferma, no tuve otra opción. Le dejé la casa con todo lo que tenía y le prometí ayudarlo dentro de las escasas posibilidades que tenemos; pero él empezó a juntarse con amigos y se entregó al vicio, razón que lo indujo a vender todo cuanto yo le había dejado. Por eso ahora no tiene nada y vive en la más absoluta indigencia. Y como si todo eso fuera poco ha desprestigiado a nuestra familia, y en especial a mí. Dígame, ¿qué puede hacer ahora por él esta pobre vieja?

Recordé esta historia porque tal vez se parece en algunos aspectos a la relatada por Jesús; porque él continuó refiriendo, "y allí desperdició sus bienes" (Lc. 15:13c). El relato no revela detalles, pero cuando se dice bienes, prefiero pensar en todo aquello que se disfruta y que es proclive de ser derrochado. La vida sin Cristo no es más que un desperdicio continuo y constante. Primero abandonas el hogar, luego viene todo lo demás.

Por eso se ha dicho que la única tentación que todos tenemos que confrontar es la de apartarnos de Dios. Satanás exige continuamente que se le otorgue el servicio y la adoración que solamente pertenecen a Dios. Le pidió a Jesús, el creador y dueño de todo cuanto existe: "Todo te daré, si postrado me adorares" (Mt. 4:9). Y me parece que José tiene la mejor respuesta que hombre alguno pronunciara ante la tentación: "Cómo haría yo este grande mal y pecaría contra Dios" (Gn. 39:9). Obviamente, José estaba más preocupado por mantener su relación vertical con el padre, que en respetar la relación horizontal con su prójimo; para él, el secreto del éxito radicaba en una relación plena con Dios. Por eso se ha dicho, y con mucha razón, "la tentación de todo ser humano es a desobedecer a Dios, y cuando esto ocurre, los pecados del mundo llegan a ser un placer en la vida de quien cede a esa tentación".

Por eso es que poco tiempo después que el hermano menor decide separarse de su padre y de su hogar, continúa en una estrepitosa caída que lo conduce ahora al despilfarro de sus finanzas. Él no podía percibir que cuando alguien elige romper con sus raíces espirituales, en esa persona ocurre como una especie de reacción en cadena, sucede algo nuclear, atómico, algo que sin Dios es casi imposible controlar. Es por esa razón que el hijo descarriado y alejado del hogar paterno continúa en franca caída libre y emprende el camino del despilfarro de los bienes que había heredado de su padre.

Lo primero que el joven había derrochado puede definirse como recursos espirituales, pero la pérdida de la conciencia espiritual lo lanza automáticamente hacia nuevas relaciones sociales; las cuales demandan continuamente de su participación financiera. En cuyo desencadenamiento mortal, finalmente acaba desintegrándose a sí mismo y destruyendo todo cuanto le rodea; pues, en la vida de quienes abandonan a Dios, el pecado actúa como una bomba atómica que al estallar no respeta nada, sino que destruye todo lo que encuentra a su demoledor paso.

De modo que al derroche espiritual le sigue el despilfarro financiero. Cuando era niño, mi padre siempre me decía: "Los que más tienen no son los que más ganan, sino los que más ahorran"; y efectivamente, así es, porque otra máxima expresa: "Quienes despilfarran sus bienes pronto rasparán el fondo de un caldero vacío".

Comúnmente sucede que junto con el aumento de las finanzas también crecen proporcionalmente los amigos, sin embargo, estos amigos no prueban que no estás solo; porque verdaderamente, esos que vienen por interés no son amigos verdaderos, sino más bien amigotes, gente que te sigue por interés material. Porque del verdadero amigo, Salomón dice: "El amigo ama en todo tiempo, es como un hermano en la angustia" (Pr. 17:17). Por eso, quienes llegan por el dinero no son amigos de fiar, pues hasta la Biblia recuerda, "cuando los bienes aumentan, también aumentan sus consumidores" (Ec. 5:11). Salomón además experimentó que: "Las riquezas traen muchos amigos; más el pobre es apartado de su amigo" (Pr. 19:4). Existe un refrán popular que advierte cuánto más puede el interés sobre el amor: "El amor y el interés fueron al campo un día y pudo más el interés que el amor que le tenía". De manera que, no es casual que el hijo dilapidador pronto se encontrara rodeado de amigos que consumirían todos sus bienes y poco a poco lo conducirían hacia la bancarrota económica.

Y con el despilfarro del dinero aumenta proporcionalmente el derroche del más grande tesoro de la vida, el tiempo; y con el despilfarro de esa riqueza irrecuperable que se llama tiempo, comienza irremisiblemente el consumo de la salud física. Satanás tienta a los seres humanos a dejar a Cristo y separarse de Dios, y una vez que logra alejarlos de las cosas espirituales, los vicios del mundo llegan a ser un placer en sus vidas. Pero la tentación siempre será la misma: que te alejes de Dios, que le desobedezcas.

Todo cuanto Dios desaprueba, regularmente viene a ser un deleite para el que se aleja del hogar. Precisamente la palabra "pródigo" significa derrochador. Para bien o para mal, en la vida de un ser humano toda decisión puede tener consecuencias eternas. ¡Cuántas historias como la de Pedro! Un hijo que no escatimó la herencia adquirida y pensando que nunca se acabaría despilfarró todo cuanto su madre le dejó. Sin embargo, los resultados nunca se hacen esperar, la tragedia personal siempre sigue a quienes abandonan a Dios. Por eso la Biblia asegura: "El mundo pasa y sus deseos pero la palabra de Dios permanece para siempre" (1 Jn. 2:17).

Cuando alguien está solo, cuando piensa que ningún conocido lo observa, entonces es cuando se puede medir realmente quien es una persona. El apóstol San Pablo asegura que el cristiano no debe actuar meramente para agradar a quien lo mira, sino más bien para servir a Dios que todo lo ve, "No sirviendo al ojo, como los que quieren agradar a los hombres, sino como siervos de Cristo, de corazón haciendo la voluntad de Dios" (Ef. 6:6).

Desenfreno personal

Casi en cualquier ciudad del mundo, al caminar por las calles, se pueden encontrar personas depravadas y rebajadas moralmente por el pecado; personas enajenadas, mujeres borrachas, drogadas, corrompidas moralmente, y hombres descompuestos por el vicio, tirados por el suelo, durmiendo en las aceras de las calles, olvidados de la familia, distanciados de todo sentido de respeto propio, y hasta de sí mismos. Pero lo peor de todo eso es que a la mayoría de nosotros esa triste situación nos parece normal, y para algunos no es más que "un mal necesario". Razón que conlleva a que continuamente nos importe menos ese espectáculo verdaderamente doloroso.

Pero lo que se hace verdaderamente decepcionante es, cuando, en esas condiciones tienes delante a alguien que fue cristiano, alguno que estuvo en la iglesia, que cantó en el coro, u ocupó cualquier otra función dentro de la familia de Dios. Porque ocurre que la cuarta y última decisión desafortunada que toma el hijo pródigo en medio de la estrepitosa caída que sufría es precisamente esa: el "desenfreno personal".

Por lo que la historia del hijo pródigo es la experiencia de alguien que poco a poco se ha ido alejando del camino de la salvación, y repentinamente, casi sin darse cuenta, percibe que su vida toca fondo en la podredumbre del bajo mundo; Jesús lo definió en dos palabras solamente: "Viviendo perdidamente" (Lc. 15:13d). Frase que bien puede sintetizarse bajo la palabra "desenfreno".

Según el diccionario, desenfreno significa irremediablemente perdido. Y es cierto, el desenfreno es la pérdida de todo concepto espiritual, moral, y ético; es la situación en la que alguien está al borde de fracasar irremediablemente, o tal vez está colgado del precipicio que lo lanzará definitivamente al abismo de la perdición. Es la hora cuando poco puede hacerse para ayudar a la víctima a reflexionar. Cabría preguntarse: ¿Debió este joven llegar a esa miserable condición? ¿Qué padre querría ver a un hijo suyo así? Sin embargo, pocos razonan que cualquiera que desee separarse de Cristo puede alcanzar una condición semejante.

Cuando apenas era un adolescente, Rubén Duany, uno de los pastores que tuvo la iglesia a la cual yo asistía, predicó un sermón que me impactó mucho hasta hoy, se titulaba: "Nadie cae de golpe"; la verdad de ese título es suficiente, la caída es un proceso de descomposición personal que va carcomiendo todo hasta que la víctima llega al proceso final. De modo que, Jesús afirmó que en la vida cristiana no pueden existir posiciones intermedias: "El que no es conmigo, contra mí es; y el que conmigo no recoge, desparrama" (Mt.12:30).

Sucede que a menudo una madre se acerca al pastor y le dice preocupada: "Pastor, Juanito anoche se fue a bailar, necesito que lo aconseje"; pero rara vez el pastor triunfa en esa visita. Casi siempre cuando percibes que alguien anda mal ya la pobre víctima está en el desenlace final de una enfermedad fatal. Muchas veces el pecado se desarrolla tan invasivamente como un cáncer, y cuando la víctima nota ciertos síntomas el alarmado paciente acude al doctor y en ocasiones ya la enfermedad ha hecho silenciosa y sutilmente su mortal trabajo y no queda mucho por hacer.

El apóstol San Pedro hace una comparación verdaderamente repugnante, "Pero les ha acontecido lo del verdadero proverbio: "El perro se volvió a su vómito, y la puerca lavada a revolcarse en el lodo" (2 P. 2:22). Porque para Pedro, dejar los puros caminos de Dios y meterse en los antros mundanos del pecado, es como que el paciente indigesto vuelva a comer lo que ya ha logrado expulsar de sí por su boca, o como cuando un cerdo se revuelca nuevamente en el fango después de bañado y aseado.

Lo que le ocurrió al joven de la parábola no fue un desastre fortuito, sino más bien un mal cíclico; porque a la pérdida de los principios espirituales automáticamente le sigue el menoscabo de otros conceptos. El propio Jesús aseguró que las características de los antediluvianos estarían presentes hasta que él regresara a la tierra, por eso advirtió: "Como en los días de Noé" (Mt. 24:37-39). Y por otra parte, Isaías profetizó que muchos invertirían el precio de los valores de su época llamando "a lo malo bueno, y a lo bueno malo", y advirtió, de gentes "que hacen de la luz tinieblas, y de las tinieblas luz; que ponen lo amargo por dulce, y lo dulce por amargo" (Is. 5:20); de ese modo anunció que el mundo estaría repleto de gente que invierte los valores. Asimismo San Pablo advierte de la condición del mundo antes de la venida de Cristo asegurando que existirían "Amadores de los deleites más que de Dios" (2 Ti. 3:4). Y esa es precisamente la triste realidad, muchos llegan a pensar que dejando la mundanalidad están perdiendo algo muy importante; hasta llegan a creer que derrochan sus vidas.

En cierto lugar: Un joven se puso en pie y pidiendo la palabra dijo: "Pastor . . . , si nosotros no podemos ir a fiestas, si no podemos entrar en los centros nocturnos de la ciudad, si no podemos beber, si no podemos hacer todo lo que hacen los jóvenes de este pueblo, y si no participamos de todas las diversiones que los jóvenes participan, lo menos que puede hacer la iglesia es proveer aquí diversiones cristianas que sustituyan todo lo que continuamente perdemos para seguir a Cristo".

"¿Quién ha dicho que no podemos ir a esos lugares o participar de lo que la mayoría participa?—respondí—, Creo que si alguien piensa que Cristo le prohíbe esas cosas, entonces debe dejar definitivamente el camino de Jesús. Porque quienes seguimos a Cristo somos personas que no queremos participar del pecado, y que creemos que Jesús es "el camino, la verdad, y la vida" (Jn. 14:6). Somos personas que en el momento crucial de la prueba decimos como dijo Martín Lutero: "Esperadlo todo de mí, menos la fuga y la retractación. Huir, no puedo; y retractarme, mucho menos" (*El conflicto de los siglos*, 1955, 156). Y posteriormente agregó: "¡Dios me ayude! porque de nada puedo retractarme" (*Ibid.* 171).

Tampoco somos como la mujer de Lot quien caminaba hacia la salvación y avanzaba mirando hacia atrás porque sufría por lo que se perdía junto con Sodoma y Gomorra. Acción que le costó la vida terminando convertida en una estatua de sal (Gn. 19:26). Porque Dios le había dicho: "Escapa por tu vida; no mires tras ti, ni pares en toda esta llanura" (Gn. 1917). Los hijos de Dios deben tener actividades recreativas saludables, pero ninguna llevará el propósito de sustituir aquello que detestamos de todo corazón. Es penoso escuchar que algunos inspiran lástima argumentando todo lo que habrían logrado si no hubieran escogido el camino de la salvación. Propagan por todas partes la idea de que seguir a Cristo significa atraso, desilución, infelicidad, aislamiento, y convertir la vida en un desperdicio.

Satanás engaña a muchos, primero le dice a los jóvenes: "No sean tontos, disfruten la juventud y después vuelven a Cristo; pero cuando son viejos, entonces los vuelve a engañar susurrándoles al oído: ¿Para qué van a ir a la iglesia con todos esos achaques que tienen? Dejen eso a los jóvenes". Separado de Dios no puede existir nada, ni nadie. Creer que alejados de Cristo es posible mantener una vida sin contaminación es una utopía. Jesús mismo afirma: "Porque separados de mí nada podéis hacer" (Jn. 15:5). Es por esa razón que cuando el hijo pródigo se separa del padre, inmediatamente comienzan en él los errores y las decisiones fatales, y el deterioro material, espiritual, y moral, lo alcanzan de un modo absoluto; es entonces que el desprecio, el destierro, el despilfarro, y el desenfreno, vienen a ocupar la que antes fuera una vida apacible y dedicada a los servicios de su padre.

Por esa razón, "carente de amor" significa que si te alejas del amor del Padre celestial, no tardarás mucho en despreciar y barrer con todo lo que antes amaste, simboliza que huirás de Dios a un destierro voluntario y sin sentido, representa que despilfarrarás lo que Dios generosamente te regaló cuando llegaste a este mundo, y significa que derrocharás sin freno alguno tu vida, tus bienes, tu tiempo, tu salud, tu dinero, y tus conocimientos. Mejor sería aceptar un consejo que a menudo se ha dado a los jóvenes:

"Entrega a Dios todo lo que tienes, todo lo que sabes, todo lo que puedes, y todo lo que tu vida es; entrégalo todo a quien te salvó". Reconoce que quitando a Dios de tu vida, también quitas el freno a tus pasiones y a tu instinto humano, y el desenfreno total puede llegar a ocasionar la catástrofe definitiva de tu vida, como bien se ha dicho: "Quítese a Dios y se quitará el freno, póngase a Dios en la vida, y se pondrá freno a las pasiones humanas". Y Elena G. de White asegura que: "El yugo de Cristo es el freno del Espíritu Santo", y aconseja que la mejor decisión es que "cuando nos sintamos acalorados por la pasión, digamos: NO; yo tengo a Cristo a mi lado, y no lo voy a avergonzar" (*La voz: su educación y su uso correcto*, 1984, 163). Y aconseja a los jóvenes: "Vuestro conocimiento y fe en Dios son el más poderoso freno contra toda mala práctica, y el motivo de todo bien" (*Mensajes para los jóvenes*, 1955, 409).

Si alguno está tentado a separarse del padre celestial lea a Pablo, él dejó un consejo muy certero para inmunizarnos contra este tipo de intención: "Y esto, conociendo el tiempo, que es ya hora de levantarnos del sueño; porque ahora está más cerca de nosotros nuestra salvación que cuando creímos. La noche está avanzada, y se acerca el día. Desechemos, pues, las obras de las tinieblas, y vistámonos las armas de luz. Andemos como de día, honestamente; no en glotonerías y borracheras, no en lujurias y lascivias, no en contiendas y envidia, sino vestíos del Señor Jesucristo, y no proveáis para los deseos de la carne" (Ro. 13:11-14). Porque una vida desperdiciada en el desenfreno, solamente puede conducir a un verdadero desastre personal, y a demostrar que, quienes toman decisiones fatales semejantes a las tomadas por el hijo perdido, viven su vida "carentes de amor", y basados en el "amor propio" y no en el desinteresado amor de un Dios que es amor.

CAPÍTULO 5

COLAPSADOS SIN EL AMOR

La falla estructural y la estrepitosa caída de las Torres Gemelas de New York el 11 de septiembre de 2003, hoy en día parecen ser el símbolo más apropiado del significado de la palabra colapso. Una inmensa estructura de acero y otros materiales modernos creados por el hombre, contra todos los pronósticos, repentinamente cedía y se desplomaba ante los ojos estupefactos del mundo entero; que inerme contemplaba el pavoroso espectáculo sirviéndose de los diferentes medios modernos de comunicación. En unas pocas horas el símbolo del poder político y económico del mundo, el emblema del orgullo humano, pasaba a la historia como un recuerdo indeleble de lo que realmente fue.

Sin lugar a dudas, el hijo pródigo también tuvo que sufrir, no un colapso, sino varios tipos de ellos; a cuya situación bien pudiera llamársele colapso masivo. Este capítulo "Colapsados sin el amor" enfoca las consecuencias de la justicia propia y el irremediable resultado de vivir sin Dios y sin su maravilloso amor. La presente sección pretende explicar los trastornos sufridos por el desobediente joven luego del enorme colapso espiritual de su vida; y a la vez demuestra que cada colapso sufrido por él le sobrevino como consecuencia inmediata de sus fatales decisiones. Razón por la cual Jesús describe en su simple narración los varios tipos de colapsos que pueden ocurrir en la vida de quienes pretenden vivir separados de Dios.

Colapso espiritual

Las decisiones tomadas con anterioridad por el joven pródigo, sin lugar a dudas, significan en sí mismas un colapso espiritual. Porque cuando un hijo de Dios comienza a sentir "desprecio" por todo cuanto una vez amó y significó algo importante para él; cuando alguien que seguía a Cristo voluntariamente toma el camino del "destierro" y se niega a interactuar con quienes una vez significaron todo para él; cuando además, esa misma persona continúa desgastando su propia vida, hasta llegar al "despilfarro" de todos los bienes que alguna vez significaron para él la más grande fortuna, y sin tomar en cuenta el costo de sus acciones, lo lanza todo por la borda; y cuando el "desenfreno" llega a controlar la vida de esta persona, todo se ha desplomado. Entonces, puede afirmarse que toda la estructura espiritual de esa vida ha colapsado, y que se está en presencia, no solo de un colapso espiritual, sino más bien de un daño global. Algo que, en la vida de esa persona, solamente un milagro de Dios sería capaz de resolver.

Jesús había descrito el colapso espiritual del joven pródigo de una manera asombrosamente sencilla: "Juntándolo todo el hijo menor, se fue lejos a una provincia apartada; y allí desperdició sus bienes viviendo perdidamente" (Lc. 15:13). En esta porción del relato Jesús prueba que el "desprecio" de todo cuanto una vez se amó y se tuvo, el "destierro" voluntario, o alejamiento del hogar paterno, el "despilfarro" de todo cuanto se poseyó, y la consumación del "desenfreno" moral, físico, y espiritual, como afirma el versículo anterior, significaron un colapso espiritual y pueden conducir directamente a la bancarrota total de cualquier hijo de Dios.

De allí en adelante continuaría su camino espiritualmente colapsado. Hechizado por el incontrolable deseo de gobernarse y de realizar la voluntad propia, también era conducido vertiginosamente a un callejón sin salidas. Solo, alejado del padre y de cuantos verdaderamente podían ayudarlo, donde nadie podía observar y juzgar su conducta, las puertas quedaban abiertas de par en par para proceder según sus propios impulsos humanos. Y además, habiendo despilfarrado su herencia material, y siendo a la vez el desenfreno pasional la divisa imprescindible de su aciaga actitud, no quedan otras consecuencias que el colapso rotundo de todo cuanto hasta entonces había poseído.

Cierta vez leí una comparación acerca de la diferencia existente entre "Quiebra" y "Bancarrota". Según el autor, se le llama quiebra financiera al estado que se obtiene después de un fracaso económico, cuando se venden todas las posesiones y de lo que se recupera se pagan a los acreedores las deudas contraídas. Y bancarrota, cuando ni aún vendiendo todo se saldan los compromisos adquiridos. Y efectivamente, la RAE las define del siguiente modo:

Quiebra: **"**Juicio por el que se incapacita patrimonialmente a alguien por su situación de insolvencia y se procede a ejecutar todos sus bienes en favor de la totalidad de sus acreedores".

Bancarrota: "Quiebra comercial, y más comúnmente la completa o casi total que procede de falta grave, o la fraudulenta. Ruina económica. Desastre, hundimiento, descrédito de un sistema o doctrina" (*Wikipedia*).

De manera que el hijo pródigo lo que tuvo fue una "bancarrota", un desastre, un hundimiento total, porque no solo estaba en una bancarrota espiritual, sino que también le sobrevino la quiebra de todo cuanto era y tenía. Por lo cual, vale la pena analizar cada uno de los colapsos que sobrevinieron a la disipada vida del joven pródigo.

Colapso económico

Vivimos una época en la cual, sin importar las razones, cada año cientos y tal vez miles de empresas y firmas se declaran en bancarrota económica, es algo que está de moda ahora mismo. Recientemente, mi esposa y yo fuimos víctimas de una de esas temidas bancarrotas: Estábamos de visita en los Estados Unidos de América cuando escuchamos la estremecedora noticia de que Mexicana de Aviación anunciaba la quiebra de su compañía, y que ni siquiera tenían dinero para saldar las cuentas con sus empleados. La noticia no podía ser más desconcertante, la línea aérea que habíamos seleccionado para viajar se declaraba en bancarrota y aún no habíamos efectuado nuestro viaje de retorno a casa. De inmediato presentimos que seríamos afectados, así que cuando escuchamos la noticia sentimos como una especie de escalofrío por todo el cuerpo, y dimos por sentado que perderíamos nuestro dinero. Y en efecto, hoy hace más de un año de aquel suceso y aún no hemos podido recuperar los, $754.00 dólares de nuestro pasaje de retorno a Cuba; y probablemente nunca lo recuperemos.

Después del descalabro espiritual del joven pródigo Jesús simplemente continúa: "Y cuando todo lo hubo malgastado, vino una gran hambre en aquella provincia, y comenzó a faltarle" (Lc. 15:14). He aquí la primera consecuencia del despilfarro comentado en el capítulo anterior: el "colapso económico"; y a este le siguen el hambre, la desnudez, la soledad, el abandono personal, la insalubridad, y finalmente la miseria. Por lo regular lo primero que sobreviene al colapso espiritual es un colapso económico, porque con el desequilibrio espiritual comúnmente se sobrecargan todos los demás aspectos de la vida. Y en tales condiciones la ruina era inminente, y solo un milagro podía salvarlo. Nada que él hiciera por sí mismo podía ayudarlo a recuperar la fortuna desperdiciada. Y es lo que normalmente ocurre con todo lo que despilfarramos, una vez que perdemos, ya no se vuelve a recuperar. Se puede perder dinero, salud, moral, prestigio, y casi cualquier cosa, pero casi siempre el resultado es el mismo: rara vez los que pierden recuperan lo perdido.

En nuestro mundo la historia se repite día a día, millones de personas padecen hambre por falta de recursos, y miles mueren cada día a causa del hambre provocada por la ausencia de los medios para combatirla. Y esto hasta parece justificable en un mundo súper habitado y lleno de desigualdades; pero que la apostasía sea la causa que te lleve a tal situación es algo verdaderamente calamitoso. Perder las bendiciones de Dios por malas elecciones significa participar de una torpeza sin límites.

Hay algo que vale la pena recordar, y es que el hijo rebelde y aventurero podía haber evitado la patética situación que confrontaba. Porque el Salmista, en su vasta experiencia con su Padre celestial observa, "Joven fui, y he envejecido, y no he visto justo desamparado, ni su simiente que mendigue pan" (Sal. 37:25). Y en el salmo veintitrés asegura que cuando andas con Dios, "Nada te falta" (Sal. 23:1). Por lo tanto esas declaraciones del salmista nos obligan a sostener la idea de que la ruina del hijo estaba directamente relacionada con la separación y abandono del amor protector del padre. Es innegable que tras la falta de Dios y de dinero otros males no se hacen esperar y todo en la vida comienza a tocar fondo.

La historia relatada por Jesús no trata del descalabro material de un fiel hijo de Dios, sino de alguien que había abandonado todos los principios que regían su vida, pero que ahora pretendía vivir sin ellos a cualquier costo posible; alguien que ahora estaba sufriendo las consecuencias del desamparo y de la justicia propia. Y eso no era más que el comienzo; por eso mismo Jesús recalca: "comenzó a faltarle", porque otros colapsos más severos aún le iban a suceder si no reconsideraba rectificar su camino y renunciar a su disipado modo de actuar. Había vivido íntegramente para la complacencia y la disolución, y no se había preocupado por invertir sus recursos y tratar de producir ganancias para sobreponerse a los malos tiempos. Su enorme liberalidad no le ganó ni siquiera un amigo verdadero, y como extranjero, ahora no tenía quien le ayudara en los malos tiempos.

La palabra más temida de la humanidad está ahí en el relato, "hambre", la gente le teme al hambre más que a cualquier otra cosa. En la lucha por la comida mucha gente renuncia, incluso, a los más dignos ideales, se degradan hasta el envilecimiento propio; y se puede asegurar que solamente principios muy elevados contribuyen a que haya personas capaces de vencer en tales circunstancias. Hasta existe un proverbio popular que dice: "El hambre es mala consejera".

El joven había abandonado su casa buscando prosperidad, fama, bienestar, éxito, y una vida libre de restricciones y reglamentos que le parecían insoportables; pero como dice otro adagio, "Fue por lana y salió trasquilado". Y en vez de ganar más dinero pierde lo que ha heredado y comienza a padecer la vida de miserias que jamás soñó. No son pocos los que alejados de Dios caen en circunstancias semejantes.

Pero, el hambre no es el único mal que acecha a quien abandona el hogar del padre y luego despilfarra todo y se degrada a sí mismo. Al hambre le sigue el quebranto físico, este también es otro tipo de colapso que le ocurrió al hijo derrochador. Hambriento, debilitado, enajenado, plagado de carencias múltiples, y necesitado profundamente, parece sucumbir en la desesperación. Ahora está pereciendo en un mar de necesidades. Pero ese no es el fin de la crisis, ya es víctima directa de los resultados de un mal cuyas consecuencias se conocen como "efecto dominó", gracias al cual, una ficha tumba a la otra hasta que todas se precipitan al suelo. Ahora, a un mal seguirá otro, y otro, hasta que todo haya concluido, y no quede más salida que la muerte definitiva, o la reconsideración del rumbo tomado.

Colapso social

Como ya se ha visto, el joven pródigo ha caído en una cascada cuya caída conduce a otra, y esa a otra más baja, y así sucesivamente se le puede ver cayendo y siempre despeñándose más bajo cada vez. Es por eso que en este punto de la historia Jesús expone los mayores contrastes en el estatus social del joven del relato: "Y fue y se arrimó a uno de los ciudadanos de aquella tierra, el cual le envió a su hacienda para que apacentase cerdos" (Lc. 15:15). Lo más terrible que podía acontecer a cualquier judío le estaba sucediendo a él: "relacionarse con un gentil", tal vez hasta pagano, y apacentar cerdos; algo así como juntar "la miseria con la necesidad", porque realmente, el patrón que eligió para buscar ayuda tenía muy poco que ofrecerle (*Francis D. Nichol y Asociados*, 1978-1990, vol. 5, 799). Y porque para un judío apacentar cerdos era un trabajo vil, indigno, indecente, vergonzoso, y todo lo que se le quiera rebajar; era imponerle uno de los peores agravios que se le pudiera hacer a un judío (*Ibid*).

Este versículo, más que cualquier otro, refleja las consecuencias del abandono del hogar paterno. Son muchas las veces que contemplamos con tristeza las terribles secuelas ocasionadas por el distanciamiento espiritual, físico, material, y emocional de quienes abandonan a su Padre celestial. Había sido rico, heredero de una gran fortuna, la cual equivalía posiblemente a la tercera parte de una propiedad familiar, pero ahora acababa de cambiar de clase social. Nunca le faltó nada, siempre tuvo todo a su alcance, pero ahora acababa de perder todo lo que antes había dado por sentado que le pertenecía por derecho propio. Como ocurre hoy a muchos de nosotros, tal vez pensaba que todo provenía de la casualidad y que Dios nunca tuvo nada que ver con sus éxitos personales. Por eso había calculado que podía ser independiente y continuar el camino del éxito, y llegar incluso más lejos de lo que jamás había llegado.

Pero la realidad era otra, ahora tenía que tomar una decisión inesperada, una medida emergente para tratar de recuperarse a sí mismo; por primera vez en su vida se proponía buscar con esfuerzo propio el modo de recobrar lo que había perdido. Muchos ignoran que el propio Jesús advirtió: "Porque no envió Dios a su Hijo al mundo para condenar al mundo, sino para que el mundo sea salvo por él" (Jn. 3:17); y más adelante agregó: "Porque no he venido a juzgar al mundo, sino a salvar al mundo" (Jn. 12:47). Sin embargo, a pesar de todo ese amor, de todas esas promesas, muchas veces el pecador insiste en huir de Dios. Ignora por completo que el pecado es un mal que nadie puede eliminar por sí solo. No obstante, lastimeramente la tendencia a la "Justicia propia", la tentación de remediar por sí mismo lo irremediable, siempre asalta al pecador.

Como ya se mencionó, Adán y Eva habían sido los primeros en tomar una decisión emergente antes de reconocer su error. Porque el pecado no solamente es rebelión, sino que además revela el más grave de todos los síntomas de la rebelión: el orgullo. "Entonces fueron abiertos los ojos de ambos, y conocieron que estaban desnudos; entonces cocieron hojas de higuera, y se hicieron delantales" (Gn. 3:7). Visto a simple vista hasta llega a parecer un razonamiento lógico simple; si estoy desnudo, qué debo hacer, pues cubrirme y vestirme. Parece razonable, es el modo como reaccionamos inmediatamente; porque el pecado nos incapacita para reconocer la necesidad de un salvador.

Es por eso que Adán y Eva no ven otra salida que cubrir su desnudes con "hojas de higuera". No supieron que algo había cambiado en ellos hasta que se miraron a sí mismos y se percataron de que el "manto de luz" que los cubría había desaparecido y sus cuerpos estaban expuestos a la vista de todos (*Historia de los Patriarcas y Profetas*, 1955, 40). Cuando ven su desnudez se dan cuenta de que están en problemas serios, y entonces elaboran un plan emergente para solucionarlo sin ayuda de nadie. Realmente, la justicia propia es uno de los elementos principales de la rebelión contra Dios, porque elimina por completo la posibilidad de que el creador restituya la imagen divina en nosotros.

Satanás fue el primero que quiso independencia y puso ese deseo en Adán y Eva, y además, a través de ellos lo ha colocado en cada ser humano de este mundo (Ro. 5:12); es por esa razón que continuamente luchamos por resolver solos la situación del pecado y la desobediencia. Y como Adán y Eva, casi siempre nos sentimos tentados a solucionar nuestras faltas completamente al margen de lo que Dios pueda hacer por nosotros. Por eso surge ese rudimentario delantal de "hojas de higuera" que representa lo poco que el hombre puede hacer por sí mismo. Desde entonces el pecador continúa aún en su empeño de solucionar solo sus propios problemas de pecado y desobediencia, y el mayor problema no es intentarlo, sino insistir, persistir en continuar buscando vez tras vez un modo de seguir huyendo de Dios.

Elena G. de White hace algunos comentarios interesantes acerca de ese desafortunado intento humano de "coser hojas de higuera" para solucionar su desnudes espiritual. Asegura que: "Un delantal de hojas de higuera nunca cubrirá nuestra desnudez"; además, afirma que: "Las hojas de higuera representan los argumentos usados para cubrir la desobediencia"; y también presenta "las hojas de higuera" como un viejo remedio para la justicia propia fracasado desde el mismo primer momento que se inventó; de ese modo asegura que: "las hojas de higuera cosidas se usaron desde los días de Adán, y a pesar de ello la desnudez del alma del pecador no está cubierta". Por eso recuerda que: "Cristo se manifestó en nuestro mundo para quitar la transgresión y el pecado, y sustituir la cobertura de hojas de higuera por el manto puro de su justicia", y seguidamente advierte que "el hombre ha cubierto su desnudez no bajo una cobertura de hojas de higuera, sino bajo el manto de la justicia de Cristo" (*Biblioteca electrónica Fundamento de la Esperanza*).

Es por eso que Jesús pone ante nosotros a un joven que se marchó voluntariamente de casa de su padre, despreció todo lo que este hizo por él, despilfarró todo cuanto se le regaló, y se desenfrenó en un mar de relaciones inapropiadas y actividades excitantes, desvergonzadas y nocivas a su salud física, mental, y espiritual. Pero que, además, como Adán y Eva, el joven desesperado comienza la búsqueda de una solución imposible a su triste y dramática situación.

Dentro de sus imaginarias posibilidades el primer paso que da es reconocer su ruina. Ya no era más el hombre de dinero, ahora su estatus había cambiado radicalmente, y aceptaba resignado su nueva condición social. ¡Qué tremenda caída! ¡Qué colapso! De empleador a empleado; de señor a siervo; de rico a pobre; de dueño a mendigo; un verdadero tránsito hacia la infelicidad y la destrucción propia. Por lo que resignado, en un intento humano de restauración propia, acepta su nuevo estatus y sale a buscar un empleo.

Muchas veces quien fracasa lo hace cayendo poco a poco; cae por una pendiente que lo va conduciendo metro a metro cada vez más bajo y más profundo. En incontables ocasiones el terreno del pecado suele funcionar como uno de esos pantanos conocidos como tembladeras, en los cuales, mientras más te esfuerzas por salir rápido, más profundo te hundes. Es poco probable que el derrochador y engreído joven se fuera inmediatamente a ver al responsable de aquellos cerdos, lo más lógico es que por algún tiempo tratara de evadir esa ridícula posibilidad; pero finalmente la vida va domando el irresistible carácter.

Todos podríamos mirar el ejemplo de esos caballos que van tirando de esos pesados carretones cargados que jamás desearon arrastrar por las calles. Imaginemos el día que los amarraron por primera vez al pesado carricoche, el joven potro se negaba a obedecer, pateaba, mordía, protestaba, y trataba de imponerse, pero finalmente fue doblegado y abatido frente al dominio del amo. Así pasa también a quienes se entregan a la servidumbre del pecado: "No, no lo haré, por favor, tan lejos no puedo llegar"; pero el pecado impone su paso y quien entra en su territorio más tarde o más temprano, y más temprano que tarde, quedará esclavizado para siempre a menos que sea redimido por Cristo.

Es por ello que siempre he imaginado al pródigo buscando una solución a sus acuciantes problemas, luego pidiendo ayuda, y finalmente, ante el fracaso, implorando desesperadamente una oportunidad; siempre conformándose cada vez con menos. Porque esa es la triste experiencia de quien comienza a caer, y realmente esa es la manera como se alejaron la mayor parte de los hijos de Dios que lo hicieron. Otra vez recuerdo: "Nadie cae de golpe".

La vida a veces aguarda terribles sorpresas para quienes la enfrentan desprovistos de la ayuda y dirección divinas, de manera que sin otra salida, el joven decide "arrimarse a uno de los ciudadanos de aquella tierra". Concluye que en vista de que todo ha fallado, lo mejor es aceptar lo único que aparece, otro razonamiento que parece lógico; a eso algunos le llaman hoy "Ética situacional". La situación determina lo que hay que hacer y las decisiones que se han de tomar. No quiero ni debo hacerlo, pero no queda otro remedio, Dios tiene que entender, él sabe que no existe otra salida. Y es así como muchos tratan continuamente de hacer cómplice a Dios de sus deslices y de sus malas elecciones.

De modo que tal vez el cambio de clase social a principio le pareció demasiado grosero y hasta inaceptable; sin embargo, aunque este le resultaba completamente irresistible, establecía un ataque al corazón mismo de su estatus social, y le parecía una relación inapropiada para el momento, presumiblemente constituía la única aparente oportunidad de salvación para él. Por lo tanto, la única opción posible, razonaba, es sacrificar todo, hasta la cultura en que había nacido y se había educado. Es cierto que para un judío unirse a un gentil era algo impensable, y elegir voluntariamente a un gentil como patrón hacía más estrepitosa su caída y su fracaso social, pero ya no quedaba otra opción viable, humanamente había hecho lo indecible para evitarlo. Pero lo último constituía verdaderamente el clímax de una catástrofe masiva. Le esperaba además un trabajo impropio, "el cual le envió a su hacienda para que apacentase cerdos". Si tratar con un gentil era desagradable, imaginemos a un judío, pastores de oveja por tradición, apacentando cerdos, un animal al cual despreciaban y consideraban sucio y hasta aborrecible.

Había sufrido un colapso social masivo: clase social inferior, relaciones humanas insoportables, y ahora también un trabajo intolerable, y además compañía inesperada. Es probable que el joven rebelde nunca contemplara estas posibilidades dentro de su ambicioso plan, pero ahora ya no se trataba de una eventualidad que pudiera ocurrir, sino que ya constituía la más terrible realidad dentro de su fracasada vida. Igualmente, hoy en día existen muchos descarriados realizando y practicando lo que nunca pensaron realizar y practicar.

Nadie cree que su vida alguna vez va a tocar fondo, pero debemos admitir que sin Cristo, un día puede llegar esa triste realidad; porque muy a menudo, a la separación y el abandono divino, le siguen el fracaso y la infelicidad. Jesús mismo dijo: "Porque separados de mí nada podéis hacer" (Jn. 15:5). Y aunque todo esto podría parecer demasiado, aún faltaba lo peor: el colapso moral.

Colapso moral

En la cárcel pude comprender mucho mejor lo que significa estar colapsado moralmente. Cuando tenía dieciocho años fui reclutado por el SMO (Servicio Militar Obligatorio) de mi país. Y pronto, por no trabajar los sábados, fui sancionado a un año y medio de privación de libertad. La prisión en la cual estábamos confinados era un lugar horrible, fuertemente cercado y custodiado. La comida no solamente era angustiosamente incomible, sino casi inexistente. La alimentación era casi imaginaria, porque nadie ingería las calorías, proteínas, minerales, y vitaminas necesarias para una alimentación balanceada; sino que más bien la vida de cada recluso se balanceaba continuamente sobre el precipicio de la desnutrición y la inanición.

El desayuno lo constituían dos pequeñísimas galletas de sal, un pequeño sorbo de café que los adventistas no ingeríamos, y dos o tres sorbos de leche, cuya composición se acercaba más a la del agua de las tuberías que al producto que pretendía ser. El almuerzo consistía en medio huevo de gallina hervido, o una o dos cucharadas de carne, la mayoría de las veces de cerdo, la cual tampoco ingeríamos. Y además, cinco o seis cucharadas de potaje de alguna leguminosa, igualmente aguado, y otras cinco o seis cucharadas de arroz blanco. Y a veces agregaban algún pequeño trozo de alguna vianda, principalmente medio plátano de fruta, verde y hervido.

Militarmente nos obligaban a marchar y marchar levantando y redoblando las botas contra el suelo mientras avanzábamos por terrenos arenosos, empedrados, y completamente disparejos. Ocho o diez horas diarias, durante todo el día, repetíamos una y otra vez los mismos ejercicios, solamente deteniéndonos a ciertas horas reglamentarias para simular que ingeríamos algunos alimentos. Y, quienes no satisfacían todos los requerimientos disciplinarios, debían continuar repitiendo las mismas acciones hasta las diez de la noche, y a veces más; todo dependía del ánimo del que estuviera al frente de los obligatorios ejercicios.

Cada día decenas y tal vez centenares de hombres, entre los varios miles que allí permanecíamos, se desmayaban ante las exigencias de los ejercicios forzados a que éramos sometidos en cada jornada. El hambre era insoportable y físicamente estábamos muy debilitados, y quienes caían eran recogidos y llevados a la enfermería, desde donde luego los incorporaban nuevamente al siniestro castigo. Sin embargo, a pesar de esa escasa alimentación, y de que no ingeríamos ciertos alimentos, nunca vi caer al suelo a alguno de los hijos fieles de Dios.

Pero, en medio de aquel panorama cruel y desolador, vi sucumbir moralmente a muchos. Una cucharada de comida constituía la máxima aspiración de la mayoría de los confinados. La degradación moral se había generalizado. Cada hombre estaba transido, enclenque, desnutrido, y físicamente debilitado; pero, en algunos, la moral se desmoronaba a pedazos. Hombres que una vez gozaron de prestigio y dignidad, era común verlos recogiendo desperdicios en los latones de basura del comedor, o tratando de conseguir alimento en el fondo de la zanja de desagüe de los fregaderos; en cuyas aguas introducían las manos para extraer del fondo los pequeños granos de arroz y las minúsculas partículas.de los desperdicios que viajaban arrastrados por las aguas albañales, las cuales, una vez extraídas eran filtradas entre los dedos con sumo cuidado, y luego ingeridas sin el menor escrúpulo.

Era un espectáculo infernalmente dantesco, vi hombres cortarse las venas, lanzarse a la fuga dispuestos a morir de un balazo, o desguazados por los perros amaestrados que casi siempre apoyaban la brutal represión de los guardias. Muchos se inyectaban petróleo en brazos y piernas con el objetivo definido de ser trasladados e ingresados en hospitales especializados fuera de la prisión, y así poder descansar y conseguir los alimentos con mayor facilidad. Otros se volvieron, o se fingieron locos. Y algunos hasta se ahorcaron. Pero entre las diferentes confesiones religiosas que allí estaban representadas, nunca vi a un cristiano desanimado, o participar de algún modo indigno de comportamiento.

En cambio, orábamos cada día, y hasta ayunábamos de vez en cuando mientras implorábamos a Dios fortaleza divina para resistir la prueba. Y todo esto sin tomar en cuenta que ser cristiano era un delito grave, de modo que éramos sometidos a tormentos peores y más aleccionadores que los aplicados al resto de los reclusos. Sin embargo, nunca vi uno de nosotros desmoralizado, por eso estoy convencido de que la desmoralización no viene con el hambre, sino con la falta de una causa y del poder que viene de Dios.

Por eso el hijo perdido estaba desmoralizado, porque había dejado a su padre, porque había perdido el verdadero poder, el poder que solamente viene de Dios. El siguiente versículo llega a parecer horrible a muchos que lo leen; y si he contado esta experiencia de mi vida, y de la vida de quienes, por Cristo, estuvieron conmigo en aquél lugar, es porque he descubierto que algunos creen exagerado lo que Jesús contó a sus oyentes en aquella ocasión: "Y deseaba llenar su vientre de las algarrobas que comían los cerdos" (Lc. 15:16).

Este deseo claramente irracional es una muestra de hasta dónde puede caer un ser humano cuando se separa de Dios. Cuando se padecen deseos irracionales, cuando se desea lo que siempre se despreció, cuando alguien envidia el alimento porcino, el quebranto moral es grave. Puede asegurarse que el paciente ha tocado fondo, ha llegado al clímax de la degradación moral y física.

En casi todos los pueblos existe gente enajenada, marginada, y que es capaz de degradarse inimaginablemente; el hombre sin Dios es como un animal, el pecado deshumaniza al hombre creado "poco menor que los ángeles" (Sal. 8:5), porque el pecado y la corrupción los pone muy cerca de los animales, como lo explica este comentario: "Luego siguen los pecados y crímenes que arrastran a los seres creados a la imagen de Dios haciéndolos descender a un nivel con las bestias y hundiéndolos finalmente en la perdición" (*Testimonios*, 1955, vol. 2 410).

Sin embargo, cuando éramos niños, una de las frases del relato que más me llevó a reflexionar en esta historia, es la que expresa cierto vestigio de honestidad en el enajenado joven: "pero nadie le daba" (Lc. 15:16 up). Al leer esa frase, siempre me preguntaba, ¿por qué habría que darle, no estaba solo? ¿No administraba él los alimentos a los cerdos? Aunque no he encontrado un solo comentario que se refiera al asunto, pienso que bien podría tomarse como ese vestigio de elementos positivos que casi siempre quedan en la vida de quienes antes estuvieron al lado de Cristo.

Cierto dibujo animado para niños, al representar la historia del joven fracasado, muestra dos escenas aleccionadoras: Primeramente, presenta al joven en su nuevo nivel social, perseguido por un grupo de mendigos que no aceptan entre ellos al que viene de una clase superior, porque quien no pertenece a una esfera social determinada muchas veces no encaja en ella, la gente lo desprecia; solamente Cristo acepta a todos por igual, sin distinción de raza, credo, color de la piel, clase social, género, o cualquier otra diferencia natural o social que haya surgido entre los hombres.

La segunda escena interesante, ocurre cuando es rechazado por los propios cerdos a los cuales alimenta diariamente; se puede ver al joven hambriento y desesperado, como, hecha agua su boca, contempla una pequeña mazorca de maíz que cae de repente en la canoa de alimentar a los cerdos, codiciosamente la mira deseando tomarla para sí y degustarla a su propio antojo. Entonces el cerdo principal, el más robusto de todos, percibiendo la intención del desfalleciente empleado, lo mira de reojo, le gruñe furioso, y amenaza con atacarlo. Seguidamente se observa lo más triste: se puede ver cómo el abatido muchacho inclina la cabeza y se retrae tímidamente entristecido; realmente es imposible caer más bajo, ser humillado por un extranjero era bastante, pero ser despreciado por un cerdo es completamente insoportable. Tal vez exagera un poco el autor del dibujo animado en cuestión, pero muestra una gran lección: cuando te apartas de Dios, puedes llegar a ser despreciado hasta de los cerdos.

La lección es clara: Nunca vas a ser aceptado como en casa de tu padre. Jamás serás tan feliz como al lado de Jesús. La vida sin Cristo constituye un verdadero fracaso, una verdadera y total bancarrota. Quien se aleja del hogar paterno, primeramente desciende a una clase inapropiada para él, luego comienzan las relaciones inadecuadas dentro de su cultura, y aún dentro de su cosmovisión del mundo social en que vive. Seguidamente es tratado de modo inconveniente dentro de sus conceptos espirituales. Y por último, él mismo es atacado por deseos incorrectos, deseos tan irracionales que lo transforman de alguien "hecho poco menor que los ángeles", a una persona tan deshumanizada, que llegue a "desear lo que come un cerdo".

Sin Cristo no valemos nada, no solamente perdemos el respeto de la gente, sino que además, corremos el riesgo de perder el respeto propio.

Hijo tú padre te espera

Hijo, sin el amor del padre puedes colapsar. Este es el punto preciso en que un pecador solamente tiene dos opciones: morir para siempre separado del padre, o regresar y vivir eternamente con él. Creo que no es necesario tocar el fondo para entregarse a Jesús. Intuyo que la historia no está sugiriendo que para iniciar el retorno al hogar del padre tienes que tocar fondo como el hijo perdido de la historia. Pienso que Jesús más bien sugiere que sería mejor evitar una situación extrema.

Puede que hayas colapsado espiritualmente, y que eso te haya llevado a abandonar a tu Padre celestial. Puede que hayas colapsado económicamente y lo hayas perdido todo, e incluso, es posible que hasta hayas descendido a una clase social inesperada e indeseada. Puede que hayas colapsado socialmente y te encuentres realizando trabajos incorrectos y participando de actividades que siempre consideraste inapropiadas para un verdadero hijo de Dios. Y puede que hayas colapsado moralmente y caído tan bajo que deseos incorrectos e inapropiados se hayan apoderado de ti. Pero aún no es el fin, mira tras ti al hogar paterno, donde la figura amorosa del propio padre aún espera tu regreso.

Comprende que sin Cristo no valemos nada, y que no solo perdemos el respeto de la gente, sino que además, corremos el riesgo de perder el respeto hasta de nosotros mismos. No importa cuán cerca o lejos estés, Jesús te llama hoy. No colapses sin el amor, regresa a tu hogar, tu padre te espera, y abre sus brazos de amor para recibirte.

CAPÍTULO 6

ATRAÍDOS POR EL AMOR

$\top$ al vez "La lista de Schindler", una película biográfica producida por Steven Spielberg, sea una de las cintas más significativas que el cine Jamás haya producido. Pues ha recaudado $ 321. 306305 millones de dólares, y ha ganado siete premios Oscar, siete premios BAFTA, y tres globos de oro. La cinta refiere la historia de Oskar Schindler, un empresario alemán que salva la vida de más de 1200 ciudadanos judío-polacos, muchos de los cuales ya habían sido condenados durante el holocausto nazi. En la cinta se observa el agradecimiento de quienes, condenados a prisión y exterminio masivo en los campos de concentración nazi y no teniendo otra alternativa que morir, fueron salvados por Schindler; quien renunciando a sus riquezas y exponiéndose continuamente a ser inculpado, decide comprarlos con su dinero hasta quedar completamente empobrecido.

Él los adquiría con el pretexto de ponerlos a trabajar en su fábrica, pero realmente lo hacía con el propósito de salvarlos de una muerte segura. Al final de la guerra había quebrado financieramente, pero había salvado a más de un millar de personas. En recompensa, Stern, un joyero, y, uno de los sobrevivientes judíos, y quien además llega a convertirse en el amigo personal de Schindler, al final del holocausto le regala a su salvador un anillo de oro que había hecho para sí mismo, el cual contiene inscripta en hebreo una frase del Talmud que dice: "Aquel que salva una vida, salva al mundo entero". Finalmente la película menciona el agradecimiento actual de más de 6000 descendientes de aquellos judíos salvados por Schindler; en cuya representación Liam Neeson, uno de los descendientes de los rescatados, y quien es el actor que representa a Schindler en la película, también pone una flor en su tumba (W*ikipedia*).

Pero tal vez el instante más significativo de toda la cinta ocurre cuando Schindler, al final del filme, se queda solo con algunos de los sobrevivientes, entre ellos su amigo Stern, y hondamente conmovido y con lágrimas en los ojos se lamenta por no haber salvado a más personas. Pude haber vendido este auto de lujo—exclama sollozando—, me habrían dado diez personas más, y con este alfiler de oro con la esvástica, habría comprado otras dos personas que se habrían salvado de la muerte. Demostrando de ese modo cuán poco valen las cosas en comparación con el valor de una vida.

Sin embargo, Jesús cuenta la historia de un joven judío que está a punto de perder hasta su propia vida por causa del amor a las cosas; la historia de alguien que se encuentra en la situación más difícil de toda su vida, porque tiene las ilusiones perdidas, las aspiraciones fracasadas, se ha comprometido con quien no quería, ni debía, trabajaba en lo que no le correspondía, y deseaba comer lo que no podía. Un hijo rebelde que se encontraba en el punto preciso donde solo hay dos caminos, dos posibilidades: morir lejos de casa, o regresar al hogar paterno.

La experiencia sugiere que a veces las pruebas de la vida ayudan mejor que un maestro a reflexionar correctamente. Tal vez es por esa razón que mientras Moisés narraba los sufrimientos y vicisitudes del patriarca Job, también registró el concepto que este vencedor tuvo acerca de las pruebas de la vida: "Más él conoce mi camino; me probará, y saldré como oro" (Job 23:10). La experiencia también demuestra que muchas veces las pruebas, la dureza de la vida, los fracasos, las desilusiones, el hambre, la nostalgia, o el fruto de cualquier otro descalabro provocado por la voluntad explícita de vivir alejados de Dios, han llamado a muchos a la reflexión personal y a reconocer sus errores cometidos. De manera que el joven de la historia es uno de los que decide tomar el camino del arrepentimiento.

Es obvio que sin arrepentimiento no puede haber perdón; pero igualmente es indiscutible que sin atracción tampoco habría arrepentimiento. Mientras el discípulo amado disertaba del amor de Dios, expresa esta sencilla verdad del modo más sencillo y comprensible: "Nosotros le amamos, porque él nos amó primero" (1 Jn. 4:19). Esa es una de las más grandes verdades del evangelio: Dios es un Dios atrayente, que desde el mismo inicio del pecado, vez tras vez, ha descendido a rescatar al pecador donde quiera que este se encuentre. Ahora el joven pródigo, aunque deliberadamente había abandonado a su padre, debía comprender que este aún lo amaba, y ansioso esperaba su retorno al hogar.

Por eso, después de la tragedia acaecida al joven del relato, al describir las reflexiones que el abatido y desconsolado muchacho tuvo justamente frente a los cerdos, y el modo humilde como retorna al hogar paterno, Jesús ilustra cómo todos pueden encontrar y emprender el camino de regreso al eterno y salvador hogar. Con esa simple y sencilla historia Jesús muestra los pasos que conducen al camino que debe seguir un pecador que desea encontrar la salvación que solo proviene de Dios. De ese modo, atraído por el amor del padre y las añoranzas de su hogar, el hijo comienza de nuevo a pensar correctamente. Y después de los diferentes colapsos vividos, sufridos, y experimentados en carne propia: la ruina espiritual, la devastación económica, la decadencia social, y el desastre moral de su carácter, mira nuevamente hacia atrás, hacia el lejano hogar desde donde una vez se alejó voluntariamente para iniciar una aventura sin sentido, y comienza a razonar de un modo más coherente y correcto.

He aquí pues algunos de los razonamientos lógicos que llevaron al hijo perdido inmediatamente de vuelta al hogar paterno.

Reconoce su locura

El primer razonamiento lógico del rebelde joven es reconocer que su separación del padre ha sido una verdadera locura: "Y volviendo en sí" (Lc. 15:17). Estoy loco, ido, chiflado, desequilibrado, perturbado, trastornado, tocado, como se le quiera llamar; no importa cómo le llamen en cada país o lugar al que ha perdido la capacidad de razonar correctamente, pero lo cierto es que el relato registra: "Y volviendo en sí, dijo: ¡Cuántos jornaleros en la casa de mi padre tienen abundancia de pan, y yo aquí perezco de hambre!" (Lc. 15:17).

Volver en sí es comenzar a razonar y pensar nuevamente de modo correcto y coherente; equivale a tomar el control y la responsabilidad de las propias acciones. Porque, sicológicamente hablando, quien está fuera de sí es un perturbado, un trastornado mental, un loco, y un alucinado. Quienes viven fuera de sí pasan la mayor parte del tiempo imaginando ideas que al final resultan ser meros espejismos, ilusiones inalcanzables e irrealizables, simples fantasías cuyo desenlace final siempre será la decepción y el fracaso.

Obviamente, "el pecado es enemistad con Dios" (Stg. 4:4), y enemistarse con Dios es una locura, un enloquecimiento que conduce inevitablemente a la autodestrucción. Muchos hasta son inducidos a razonar que sus descalabros y fracasos son el evidente resultado de que Dios los ha castigado a causa de sus desobediencias, y eso lo piensan porque no perciben que las consecuencias de la rebelión conducen poco a poco a la auto destrucción; y que finalmente, de modo inexcusable los rebeldes serán exterminados para siempre como resultado directo de sus malas decisiones y elecciones.

Por eso, es muy común escuchar a los alejados de Dios poner como condición número uno para retornar al hogar, algunas excusas que difícilmente cumplirán: "retornaré cuando arregle mi vida", "regresaré cuando solucione todos los problemas que tengo", y otras expresiones por el estilo. No perciben que el pecado no les permite razonar correctamente, y de ese modo casi siempre les impide emprender el camino de vuelta al hogar. Es frecuente escuchar la frase: "Estoy enredado, pero cuando me desenrede lo haré", ignoran que solamente Cristo puede desenredarlos de verdad. Por eso Jesús mismo dijo: "Venid a mí todos los que estáis trabajados y cargados que yo os haré descansar" (Mt. 11:28), recomendando que lo mejor es regresar como uno está; y en otra ocasión afirmó a sus discípulos: "Si alguno quiere venir en pos de mí, niéguese a sí mismo, y tome su cruz, y sígame" (Mt. 16:24). Precisamente, negarse a sí mismo es volver en sí, es comenzar a razonar acertadamente, es empezar a moverse en el sentido correcto. Negarse a uno mismo es vencer el orgullo y comenzar a actuar humildemente.

Asimismo, en su locura, el hijo perdido jamás hubiera reconocido varios aspectos básicos acerca de la relación con su padre, porque "el pecado enceguece a los culpables". Pero finalmente vuelve en sí, recupera la coherencia mental ofuscada una vez por causa de la fantasiosa idea de independizarse del padre, y una vez restaurado su pensamiento lógico, lo primero que hace es reconocer que tiene un hogar.

Por eso comienza diciendo "en la casa"; una casa, ¡cuánta gente no tiene ahora mismo una casa!, tener una casa es la máxima aspiración de millones de seres humanos en todo el mundo. Muchos morirán de viejo sin haber tenido jamás una casa propia. Es innegable que el padre de la parábola representa a Dios, y él tiene un hogar para cada ser humano que desee retornar a su hogar celestial. Puede ser que en este mundo nunca llegues a tener una casa que sea tuya; pero del modo más hermoso que jamás haya escuchado el oído humano, Jesús mismo prometió: "No se turbe vuestro corazón: creéis en Dios, creed también en mí: En la casa de mi Padre muchas moradas hay; si así no fuera, yo os lo hubiera dicho; voy, pues, a preparar lugar para vosotros. Y si me fuere y os preparare lugar, vendré otra vez, y os tomaré a mí mismo, para que donde yo estoy, vosotros también estéis" (Jn. 14:1-3).

Es una garantía ilimitada contar con la seguridad del hogar que le ha sido garantizado a cada ser humano que decida retornar a los amorosos brazos del Padre. Para siempre dejarán de ser una preocupación humana el agobiante problema de la vivienda y el aspecto del hogar con sus consabidas dificultades; por encima de la vivienda y del verdadero calor de familia, el amor será el principio que rija el gobierno de Dios y el trato con cada uno de sus hijos.

Pero en su restablecimiento, el joven no solo reconoce que tiene un hogar, también recuerda que posee un padre; él, se dice así mismo: "En la casa de mi padre". Al recuperar su modo correcto de pensar, también recuerda nuevamente a aquel padre amante que había estado dispuesto a mostrar su generosidad entregándole la herencia antes de tiempo; y tal vez hasta imagina que todavía está allí mismo esperando su regreso, ahora recuerda la mirada triste y amante con que lo despidió al verlo partir. Cuando el dinero se acaba y todos fallan, cuando el empleo no es bueno y el alimento no aparece, todavía queda una esperanza: tengo un padre que me ama; alguien que no fallará nunca, uno que siempre me estará esperando rebosante de amor y simpatía.

La perspectiva de recuperar "el hogar" y "el padre", sin lugar a dudas, es uno de los mayores atractivos que pone Jesús delante de sus hijos que no perciben la verdadera magnitud del amor divino. Vivimos en un mundo repleto de ingratitudes, incongruencias, disgustos, sinsabores, traiciones, carencias, y sufrimientos, en el cual mucha gente ha perdido la esperanza de ser amado alguna vez. Pero Jesús sugiere a todos: tal vez nunca lo hayas disfrutado, pero tú tienes un hogar verdadero, y un Padre completamente real que te espera con los brazos abiertos.

Conjuntamente, con la posibilidad de recuperar el hogar perdido, y con la certeza de que aún tiene un padre que lo ama, el joven se confronta a sí mismo con una importante pregunta, ¿Cómo puede existir un hogar donde haya un verdadero padre, y que no tenga alimento para todos, incluso para los siervos más humildes? Él mismo había vivido allá, y comenzaba a recordar la felicidad y la armonía desinteresada en que todos vivían, incluso los jornaleros más insignificantes. Ahora que se estaba recuperando de la amnesia selectiva que había padecido hasta ese momento, comenzaba a echar de menos a aquél amable ambiente—la amnesia selectiva es un mal que consiste en que las personas olvidan únicamente lo que no desean recordar—. Pero ahora recupera su memoria, y recuerda el momento en que cada obrero recibía sin falta la porción de alimento diario que necesitaba para su sustento físico. Por lo tanto, nada más real que reconocer: "allá tengo alimento seguro".

La comparación final no solamente es objetiva, sino además lógica: mientras simples asalariados comen felizmente el generoso alimento proporcionado por el amoroso padre, él, el hijo, el heredero, el príncipe, el que debía estar allí ahora con autoridad plena, se muere irremisiblemente de hambre, es por eso que exclama: "Y yo aquí perezco de hambre". Estoy muriendo voluntariamente.

Sin lugar a dudas, la perdición humana es un acto suicida; cuando se conoce el camino a la salvación, no existe justificación alguna para renunciar a ella. "Ellos están allá satisfechos, y yo estoy aquí casi muerto, esto es mi culpa, que me separé, que abandoné el hogar, que me fugué de la presencia del único que verdaderamente lo da todo desinteresadamente".

Casi de continuo las personas tienden a justificar las malas decisiones y acciones de ellos o de sus seres queridos. No es raro escuchar a una madre decir: "Mi hijo se fue de la iglesia en tiempo del pastor fulano de tal"; y no lo dice para organizar la historia de su familia cronológicamente, porque si así fuera mencionaría fechas: días, meses, y años; esa frase más bien constituye una insinuación acerca de quién fue el verdadero culpable de la apostasía de su "noble hijito".

Pero con este primer razonamiento Jesús ilustra el proceso del reconocimiento humano de la culpabilidad propia, el hijo fracasado no tiene más remedio que reconocer: "lo que me sucede es culpa mía, y solamente mía". Como ya expusimos, la tendencia de mucha gente es culpar a Dios por sus calamidades personales, pero Jesús enseña que para recibir el perdón del padre es imprescindible el reconocimiento personal. Que cada cual reconozca la triste realidad de que somos nosotros quienes abandonamos a Dios y luego provocamos muchas de las vicisitudes y penas que continuamente nos agobian.

Pero resolver el asunto en cuestión no es tan sencillo como parece a simple vista. Reconocer que uno ha estado desquiciado, que tiene un hogar a donde ir, donde hay un padre que nos ama de verdad, y existe alimento gratuito y abundante para todos, es solo el comienzo. El reconocimiento de la culpabilidad personal es el primer paso hacia el arrepentimiento genuino. Por eso existen algunos otros puntos en que debemos reflexionar.

Otros reconocimientos propios deben completar el arrepentimiento cabal y completo de quienes anhelan regresar a los brazos del amante padre celestial.

Reconoce su caída

El segundo reconocimiento lógico que hizo el hijo perdido y pudiera hacer cada pecador alejado de Dios es: "Estoy en el suelo".

La Biblia registra una historia muy triste: Un hombre llamado Balaán, alguien quien, a pesar de que era profeta de Dios, se había caído espiritualmente. Y parece curioso que a pesar de su tremendo conocimiento acerca de la voluntad divina, Balaam nunca logra levantarse de su caída para continuar hacia la meta de alcanzar un servicio pleno y desinteresado a su Dios. Él mismo se describe a sí mismo proféticamente como "el que oyó los dichos de Dios, el que vio la visión del Todopoderoso, caído, pero abiertos los ojos" (Nm. 24:4). Reconoce que hablaba con Dios, que conocía perfectamente sus designios, y hasta que había visto en visión al "Todopoderoso"; y él mismo confiesa de sí mismo que tenía los ojos abiertos. Quiere decir que se daba cuenta de su condición real, pero continuaba caído por voluntad propia. A pesar de su triste reconocimiento, Balaam eligió permanecer caído, porque obsesionado por el amor a las riquezas, la avaricia, la codicia, y el egoísmo desmesurado que padecía no fue capaz de levantarse.

Pero Jesús enseña que cuando alguien reconoce que está caído debe levantarse, porque solamente así se puede remediar la situación que se padece. Y eso es precisamente lo que hace el joven de la parábola cuando exclama: "Me levantaré e iré a mi padre" (Lc. 15:18). Descubrir que uno está en el suelo y permanecer caído no es sabio, al contrario, es una actitud verdaderamente necia.

A muchos hoy en día les pasa como a Balaam, reconocen que están caídos, tienen todo el conocimiento que viene de Dios, y sin embargo no se levantan, sino que continúan viviendo una vida arrastrados en el fango del pecado y caídos delante de una mula o delante de los cerdos; mientras escuchan la voz del ángel y del Padre suplicante que les hablan al oído, el orgullo y la obstinación los vence cada día.

Afortunadamente el hijo perdido no solamente se daba cuenta de que hasta ese instante su vida había sido una verdadera locura, sino que además admite que estaba caído, derrumbado, y que debía levantarse. Levantarse, pero no para continuar en la senda que llevaba, sino para retornar al hogar junto a su padre y disfrutar de lo que jamás le faltaba antes de abandonar su hogar, deleitarse participando del alimento que ahora tanto echaba de menos, y conjuntamente gozar del maravilloso y desinteresado amor del amoroso padre.

Reconoce su pecado

El relato toca además uno de los aspectos vitales del arrepentimiento: El importante asunto de "La confesión". Todo pecador necesita reconocer su pecaminosidad, porque esa es la única prueba verdadera de que el arrepentimiento es sincero. Con una corta y sencilla frase Jesús resuelve el problema de la confesión del hijo rebelde: "Y le diré: Padre, he pecado contra el cielo y contra ti" (Lc. 15:18). "He pecado", la palabra mágica de la confesión.

El único sentido del pequeño y conciso discurso preparado por el hijo es confesar al padre el reconocimiento propio y la culpabilidad personal; y es curioso ver cómo este corto discurso señala las dos direcciones en que debe efectuarse el verdadero arrepentimiento: Primero Dios, y después el prójimo. De un modo sencillo infiere que el verdadero arrepentimiento involucra saldar una afectación vertical y otra horizontal: "Contra el cielo y contra ti". Porque cuando dañamos al prójimo, también afectamos nuestra relación con Dios.

La frase "He pecado" no aparece registrada muchas veces en la Biblia, a causa de diferentes circunstancias fue pronunciada aproximadamente en alrededor de quince ocasiones. Pero solamente ocho hombres la expresaron a través del largo período de los tiempos bíblicos. Ellos fueron: Faraón, Balaam, Acán, Saúl, Simei, David, Judas, y el Hijo Pródigo. Y es profundamente aleccionador saber que, analizando las circunstancias y el modo como algunos de ellos expresaron la confesión de sus culpas, podemos percibir de inmediato la verdadera intención de aquellas confesiones. Porque en realidad, al analizar cada una de las aludidas confesiones, por simple inspección podemos inferir cuáles de los arrepentimientos descritos en esos pasajes fueron verdaderamente genuinos y sinceros.

El primer personaje en pronunciar la frase "He pecado" fue Faraón: después de las múltiples pruebas y milagros producidos por Dios en Egipto, y siete plagas que ya sumían al país en el más absoluto caos, Faraón llama a Moisés y Aarón y les dice: "He pecado esta vez" (Ex. 9:27). Según él, las demás veces no había pecado; al acompañar la frase con otras palabras trata de justificar las acciones que lo habían conducido paulatinamente al endurecimiento de su corazón y a la total destrucción del país. Ahora tampoco estaba arrepentido, sino más bien asustado por la muerte de sus compatriotas y el estruendo ensordecedor de una tormenta que ya se iba de los límites naturales.

Pero, una vez que la tormenta termina, Faraón vuelve a ser endurecido y obstinado como antes lo había sido: "Y viendo Faraón que la lluvia había cesado, y el granizo y los truenos, se obstinó en pecar, y endurecieron su corazón él y sus siervos. Y el corazón de Faraón se endureció, y no dejó ir a los hijos de Israel, como Jehová lo había dicho por medio de Moisés (Ex. 9:34-35). Entonces sobreviene la octava plaga, esta vez las langostas exterminaron el escaso alimento que les quedaba. El rey, nuevamente atemorizado, llama a Moisés y Aarón y exclama, "He pecado . . . , pero, oren a Jehová vuestro Dios que quite de mí al menos esta plaga mortal" (Ex. 10:16-17). Otra vez el miedo pavoroso lo lleva a aparentar que está arrepentido; pero todos conocemos que su altivez y su orgullo lo condujeron pocos días después, junto con todo su ejército, a terminar su historia en el fondo del Mar Rojo. Así sucede a mucha gente, después que pasa el susto todo vuelve atrás.

El segundo personaje en pronunciar la frase "He pecado" fue Balaam: La desobediencia obstinada era finalmente su misión decidida. Desobedecía a Dios de forma deliberada, pero cuando por fin puede ver al ángel de Dios parado delante de él, se ve denunciado abiertamente, y atemorizado exclama: "He pecado, porque no sabía que tú te ponías delante de mí en el camino; mas ahora, si te parece mal, yo me volveré" (Nm. 22:34). ¡Hasta una asna ha visto al ángel de Jehová, y ha mantenido con Balaam una locuaz y extraña conversación!

La ceguera ocasionada por la obstinación de alcanzar algo que sabe sobradamente que Dios no aprueba, lo conduce no solo a insistir en el pecado, sino incluso a pegarle al inocente animal; aunque finalmente aparenta el arrepentimiento y confiesa: "He pecado, porque no sabía que tú te ponías delante de mí en el camino; mas ahora, si te parece mal, yo me volveré". "Si te parece mal . . .", "Si no estás de acuerdo . . .", ¡Qué manso y obediente se muestra Balaam ante el milagroso espectáculo de ver a un ángel y platicar con una burra! Aún no le bastaba a Balaam con todas las desaprobaciones que Dios había hecho desde el primer instante a su ambicioso y obstinado plan; y todavía continúa insinuando que Dios pudiera reconsiderar su voluntad.

Las palabras de Balaam pueden ser interpretadas de otro modo: "la culpa es tuya porque no apareciste antes". Nuevamente la frase que debería conducirlo a un arrepentimiento genuino aparece acompañada de una excusa, y esta vez de una excusa que incluso involucra a un ángel celestial. Tras la cual, trata de obtener la opinión del mensajero celeste e involucrarlo en su futuro destino: "si te parece mal, yo me volveré" (Nm. 22:34). Es por amor a las riquezas que todavía insiste en que Dios cambie de opinión al respecto y justifique su avaricioso viaje; y lo hace porque sin el toque específico del Espíritu Santo el hombre siempre tratará de justificar sus actos pecaminosos.

Años más tarde el apóstol Pedro asegura que muchos "han dejado el camino recto, y se han extraviado siguiendo el camino de Balaam hijo de Beor, el cual amó el premio de la maldad" (2 P. 2:15). Y Elena G. de White comenta "Balaam, aterrorizado por el ángel que estaba en su camino con la espada desnuda, reconoció su culpa por temor de perder la vida; mas no experimentó un arrepentimiento sincero del pecado, ni un cambio de propósito, ni aborrecimiento del mal". (*El Camino a Cristo*, 22).

El tercer personaje en pronunciar la frase "He pecado" fue Acán: Este caso puede confundir a muchos, porque verbalmente Acán expresa su arrepentimiento en forma correcta: "He pecado, contra Jehová el Dios de Israel, y así y así he hecho" (Jos. 7:20). Primero reconoce su absoluta culpabilidad, seguidamente confiesa que su falta ha sido contra Jehová, y al final describe detalladamente cada uno de los aspectos del modo como se ejecutó el pecado.

Es cierto que aparentemente en esta confesión aparecen los principales elementos que toda confesión debiera tener: el reconocimiento de la culpabilidad propia, el reconocimiento de la soberanía divina, y la declaración de la responsabilidad individual de su pecado. Es verdad que Acán no solo reconoció su culpa, sino que hasta describió detalladamente su pecaminoso proceder.

Pero, cuando analizamos el proceso por el cual se logró que él confesara y declarara del modo como lo hizo, nos damos cuenta que esta confesión no surge de un modo espontáneo; sino que brota estrepitosamente como parte de un angustioso proceso investigativo que él mismo espera evadir asumiendo la posibilidad del fracaso de la investigación desarrollada por Josué; espera y espera hasta el último instante, siempre con la esperanza de que el plan de Josué falle. Pero al ver que es descubierto y denunciado delante de todos, entonces dice: "Es cierto, yo lo hice, y lo ejecuté así y así".

Notemos que primeramente Josué había descrito la minuciosidad del proceso inculpatorio que se avecinaba, y luego daba al posible culpable todo un día para reflexionar sobre su pecado y confesar: "Os acercaréis, pues, mañana", pero Acán ni siquiera se siente aludido, y decide esperar el resultado final del minucioso procedimiento. Pero Josué no está apurado en saber quién es el culpable, y no solo da un día de margen para la meditación y el escrutinio personal del corazón, sino que además explica detalladamente cómo se efectuará el escrutinio: "por vuestras tribus; y la tribu que Jehová tomare, se acercará por sus familias; y la familia que Jehová tomare, se acercará por sus casas; y la casa que Jehová tomare, se acercará, por sus varones; y el que fuere sorprendido en el anatema, será quemado, él y todo lo que tiene, por cuanto ha quebrantado el pacto de Jehová, y ha cometido maldad en Israel" (Jos. 7:14-15).

Acán pudo haber interrumpido la investigación en cualquiera de las etapas y haber hecho una confesión genuina y sincera, pero no lo hizo. Porque aún así, albergaba la esperanza de no ser descubierto. Es asombrosa la absoluta ignorancia con que el rebelde pecador trata el aspecto de la capacidad divina para conocer hasta lo más íntimo que ocurre dentro del corazón humano. Acán podía ver el sufrimiento, la derrota, y la muerte de sus propios hermanos, pero hasta el último instante albergó la esperanza de pasar inadvertido ante todos y aún para Dios. De manera que su arrepentimiento tampoco había sido de corazón.

Elena G. de White hace el siguiente comentario al respecto: "Acán reconoció su culpabilidad, pero lo hizo cuando ya era muy tarde para que su confesión le beneficiara. Había visto los ejércitos de Israel regresar de Hai derrotados y desalentados; pero no se había adelantado a confesar su pecado. Había visto a Josué y a los ancianos de Israel postrarse en tierra con indecible congoja. Si hubiera hecho su confesión entonces, habría dado cierta prueba de verdadero arrepentimiento; pero siguió guardando silencio. Había escuchado la proclamación de que se había cometido un gran delito, y hasta había oído definir claramente su carácter. Pero sus labios quedaron sellados" (*Conflicto y valor*, 122). Hasta ahí, a pesar de todas las advertencias y anuncios públicos de lo que se llevaría a cabo, se nota su tremenda insensibilidad a la voz de Dios y de su propia conciencia.

Pero Elena G. de White agrega: "Luego se realizó la solemne investigación. ¡Cómo se estremeció de terror su alma cuando vio que se señalaba a su tribu, luego su familia y finalmente su casa! Pero ni aún entonces dejó oír su confesión, hasta que el dedo de Dios le tocó, por así decirlo. Entonces, cuando su pecado ya no pudo ocultarse, reconoció la verdad. ¡Cuán a menudo se hacen semejantes confesiones! Hay una enorme diferencia entre admitir los hechos una vez probados, y confesar los pecados que sólo nosotros y Dios conocemos. Acán no hubiera confesado su pecado si con ello no hubiera esperado evitar las consecuencias. Pero su confesión sólo sirvió para demostrar que su castigo era justo. No se había arrepentido en verdad de su pecado; no había sentido contrición, ni cambiado de propósito, ni aborrecía lo malo" (*Ibid.*).

Acán contrasta con el concepto de arrepentimiento del rey Salomón, alguien que pecó mucho y luego se arrepintió de todo corazón, y escribió: "El que encubre sus pecados no prosperará; mas el que los confiesa y se aparta alcanzará misericordia" (Pr. 28:13).

El cuarto personaje en pronunciar la frase "He pecado" fue Saúl: Dos veces Saúl aparenta ante su pueblo que está arrepentido de sus pecados. La primera vez confiesa a Samuel, "He pecado", y luego agrega, "porque temí al pueblo y consentí a la voz de ellos" (1 S. 15:24). Es fácil notar el intento de justificación del hecho, ¿Quién realmente había pecado, Saúl o el pueblo? Es evidente que no hubo tal arrepentimiento en él, solamente estaba atemorizado de perder el reino.

Pero luego de la negativa de Samuel a continuar apoyando al desobediente rey, este exclama nuevamente, "He pecado", y de inmediato agrega, "pero te ruego que me honres . . . , y vuelvas conmigo" (1 S. 15:30). Se trataba de un arrepentimiento condicionado, "He pecado", "pero . . . , has ahora, lo que te digo, no me abandones". Saúl había desobedecido la voluntad divina; porque perdonando a Agag, el rey enemigo, ponía en peligro el futuro del pueblo de Dios. Aunque continuamente ponía los intereses terrenales por encima de los espirituales, ante todo, Saúl deseaba continuar al frente del pueblo de Dios.

Por eso Elena G. de White ha comentado: "Saúl trató de justificar su propia conducta y culpó al profeta en vez de condenarse a sí mismo. Hoy hay muchos que siguen una conducta similar. Como Saúl, están ciegos ante sus errores. Cuando el Señor quiere corregirlos, reciben el reproche como un insulto y encuentran fallas en el que trae el mensaje divino" (*Conflicto y valor*, 152).

A última hora Saúl tuvo un triste final, porque incluso, estuvo dispuesto a pactar hasta con el mismo diablo con tal de alcanzar sus egoístas propósitos: "Entonces Saúl dijo a sus criados: Buscadme una mujer que tenga espíritu de adivinación, para que yo vaya a ella y por medio de ella pregunte" (1 S. 28:7).

El quinto personaje en pronunciar la frase "He pecado" fue Simei: el cual, después de sus ofensas y agresiones contra el rey David, le expresó más tarde al propio rey: "Porque yo tu siervo reconozco haber pecado, y he venido hoy el primero de toda la casa de José, para descender a recibir a mi señor el rey" (2 S. 19:20). Fue una confesión forzada por la derrota, y porque él sabía que no tenía otra posibilidad para salvar su vida; es por eso que alrededor de esa impuesta confesión se ha comentado: "Simei no presentó excusas porque sabía que sería inútil hacerlo. Era culpable, y lo confesó francamente, confiando en la misericordia de David" (*Francis D. Nichol y Asociados*, 1978-1990, vol. 2, 686). La historia registra que posteriormente continuó con su actitud de rebeldía y fue castigado con la muerte por todos los pecados que antes había cometido (1 R. 2:36-46).

Este hecho prueba que Dios está dispuesto a perdonar todos nuestros pecados, pero debemos mantener siempre una actitud de arrepentimiento. No basta con pedir perdón y continuar secretamente practicando el pecado y la rebelión. Es por esa razón que Simei a la larga tuvo su castigo, y por la cual otros también perderán el reino de los cielos.

El sexto personaje en pronunciar la frase "He pecado" fue Judas Iscariote: Judas había entregado a Jesús, antes de cometer el terrible pecado había luchado con su propia conciencia hasta el último instante, pero, la avaricia y el resentimiento, había podido más que él mismo. Ahora, al contemplar y enfrentar las consecuencias de su pecado, exclama, "He pecado" (Mt. 27:4). Si no hubiera visto a Jesús azotado y magullado, tampoco habría sentido el peso de la culpa. Judas, antes que mirar al redentor del mundo, se dejó aplastar por el inmenso peso de su culpabilidad y del remordimiento. Por lo tanto, de nada valía ahora su tímida confesión, la cual, acto seguido lo condujo al inminente suicidio que finalmente señaló su dramático final.

Por esa razón Elena G. de White también ha comentado: "Judas se echó entonces a los pies de Jesús, reconociéndole como Hijo de Dios, y suplicándole que se librase. El Salvador no reprochó a su traidor. Sabía que Judas no se arrepentía; su confesión fue arrancada a su alma culpable por un terrible sentimiento de condenación en espera del juicio, pero no sentía un profundo y desgarrador pesar por haber entregado al inmaculado Hijo de Dios y negado al Santo de Israel. Sin embargo, Jesús no pronunció una sola palabra de condenación. Miró compasivamente a Judas y dijo: "Para esta hora he venido al mundo" (*El deseado de todas las gentes*, 670).

El séptimo personaje en pronunciar la frase "He pecado" fue el rey David: Con el aparente arrepentimiento de los seis personajes mencionados anteriormente, contrasta la sincera confesión del rey David. La Biblia registra que una vez cometida la falta y comprendida la magnitud de su pecado, "le pesó en su corazón" y confesó a Dios: "He pecado"; entonces lo podemos ver a él mismo como valora seriamente su irresponsabilidad en la comisión del grave hecho y se tiene por necio. Y, como si eso le pareciera poco, va inmediatamente a la raíz del asunto: "Te ruego que quites el pecado de tu siervo" (2 S. 24:10). No culpa a nadie, sencillamente reconoce que él es el único culpable y está dispuesto a pagar el precio por costoso que este sea. Con razón se ha escrito al respecto: "Fue el Espíritu de Dios quien le habló y le mostró la necedad de su conducta. Con profunda humildad confesó su falta delante de Dios y pidió perdón" (*Francis D. Nichol y Asociados,* 1978-1990, vol. 2, 710).

Pero tal vez el salmo cincuenta y uno sea la máxima expresión de un pecador arrepentido. Porque en él se encuentran, a juicio de muchos, las palabras más convincentes y hermosas acerca del arrepentimiento, la misericordia, y el perdón; el penitente David no solo confiesa su falta, sino que además, expresa que por encima de todo confía solamente en el amor y la misericordia divina. Sus versos destilan verdadero arrepentimiento y confianza en el perdón restaurador de su Dios, y a través de todas las épocas ese salmo ha sido un verdadero bálsamo para quienes han cometido faltas y han confiado en el arrepentimiento, la misericordia, y el perdón: "Ten piedad de mí, oh Dios, conforme a tu misericordia; conforme a la multitud de tus piedades borra mis rebeliones. Lávame más y más de mi maldad, y límpiame de mi pecado. Porque yo reconozco mis rebeliones, y mi pecado está siempre delante de mí. Contra ti, contra ti solo he pecado" (Sal. 51:1-4).

Si David hubiera querido justificar su pecado, habría involucrado a Betsabé, en definitiva ella nunca debió exhibir su cuerpo desnudo donde pudiera ser vista de alguien. Podría haber dicho: "He pecado, porque ella se exhibió delante de mí sin ropas", entonces no podríamos leer hoy este salmo tan hermoso y aleccionador, lleno de esperanza para quienes han flaqueado y han caído. David se arrepintió de corazón y fue un hombre conforme al corazón de Dios, como había sido predicho por el profeta Samuel cuando dijo a Saúl: "Mas ahora tu reino no será duradero, Jehová se ha buscado un varón conforme a su corazón" (1 S. 13:14).

Finalmente, el octavo y último personaje en pronunciar la frase "He pecado" fue El Hijo Pródigo: Es el mismo Jesús quien relata la historia del hijo perdido pronunciando la dramática frase "He pecado". Porque el relato continúa: "He pecado", y seguidamente, en vez de justificar su decisión de abandonar el hogar paterno el hijo continúa: "Contra el cielo y contra ti" (Lc. 15:18). Porque el verdadero arrepentimiento no está en reconocer que se ha faltado a algo o a alguien, pues entonces el pecado vendría a ser una falta solamente de tipo horizontal. Y ante todo el pecado es una falta vertical, porque antes de ofender al prójimo ya estamos ofendiendo a Dios.

Posiblemente la alusión más clara a este asunto, es la expresada por José cundo resistió a la incitadora esposa de Potifar en Egipto: Él le dijo: "¿Cómo, pues, haría yo este grande mal, y pecaría contra Dios?" (Gn. 39:9). Se nota que por encima del daño con que José pudiera afectar a Potifar, participando de la infidelidad conyugal de la mujer de este, para él estaba primero evitar la ruptura con el Dios que había conducido su vida hasta ese momento; es decir, para José, la relación con su Dios estaba antes que el respeto a las normas humanas de convivencia o de urbanidad.

Parece alarmante el hecho de que entre ocho pecadores arrepentidos, solamente dos de ellos hayan pronunciado la frase "He pecado" en un sentido correcto: "El rey David" y el "Hijo pródigo". De los cuales, solo uno vivió físicamente en esta tierra: "El rey David". Razón que debiera servir de ejemplo a quienes, reconociendo su pecaminosidad, deciden retornar a los brazos de un Dios de amor y misericordia que siempre está dispuesto a recibir a quiénes se arrepienten de todo corazón.

De modo que la frase, "He pecado", viene a ser como el buen oro; porque según dicen los conocedores de ese precioso metal, si el número que indica los quilates de la joya en cuestión, es acompañado de otra palabra que no sea la letra "K", en la mayoría de los casos dicha joya no es auténtica, sino solamente una fantasía, una despreciable baratija. El arrepentimiento del "Hijo pródigo" encarna el modelo correcto de contrición para todo pecador que desee volver a los pies de Jesucristo: Reconoce que está caído, pero además, sabe cuál es la causa de su situación, entiende perfectamente que sus propias malas decisiones son el origen directo de su ruina física, moral, espiritual, y personal. Comprende que su vínculo con Dios se ha roto, y que eso mismo lo condujo a separarse de su hogar paterno. No culpa a nadie por su desastre, sino que reconoce su culpabilidad y decide únicamente confiar en el amor y la misericordia del padre.

Con este sencillo relato Jesús presenta el verdadero camino del arrepentimiento, demostrando que el reconocimiento personal de la culpa, la confesión del pecado cometido, y la responsabilidad propia en la comisión de este, constituyen la parte esencial de un arrepentimiento genuino. Luego de semejantes convicciones personales, el hijo perdido, y ya casi salvado, continúa efectuando otros reconocimientos que humillan su propio yo, y que además lo acreditan como pecador arrepentido para presentarse delante del padre. De modo que su futuro y próximo retorno enaltece la obra de Dios en el empeño de rescatar a quienes se han perdido.

Reconoce su indignidad

Y finalmente reconoce su indignidad. El peligro de la justificación propia es la mayor amenaza para quienes anhelan salvación, el propio Jesús corrige ésta falla inexcusable relatando cómo el hijo perdido pudo reconocer su indignidad. La historia sugiere que un pecador puede reconocer muchos errores y aún ser una víctima de la justicia propia, porque lo más difícil para cualquier ser humano es reconocer que no merece algo; por eso el principal reconocimiento de todo pecador debe ser reconocer que podemos ser perdonados, pero que no merecemos nada. Él ya había reconocido que actuaba "fuera de sí" mismo y había recuperado la razón, que debía levantarse porque "estaba caído" y se había levantado, y que "había pecado" y había decidido confesar su culpa a Dios y al padre; pero ahora también reconoce que "es indigno": "Ya no soy digno de ser llamado tu hijo" (Lc. 15:19).

Es evidente que él había demandado de su padre la parte que por derecho propio le habría correspondido cuando su progenitor muriera. Y no solamente eso, sino que además la había perdido. Él había recibido y derrochado su herencia y reconocía que ya no merecía nada, pero su confesión fue una prueba evidente del reconocimiento inexcusable de su inmerecimiento.

Trágicamente existen quienes después de derrochar su parte: dinero, salud, posiciones, o cualquiera de los dones que Dios les confió, vienen a Cristo para exigirle que les devuelva todo cuanto perdieron lejos del hogar paterno. En cambio, la experiencia del ladrón de la cruz nos sugiere una significativa enseñanza, porque él se arrepintió sinceramente y alcanzó la salvación prometida, pero al recibir esa promesa Jesús no lo exoneró de la dolorosa pena de la cruz (Lc. 23:42-43); puesto que, aunque Jesús le aseguró la salvación, él tuvo que pagar ciertas consecuencias terrenales por sus pecados cometidos. Esto ejemplifica que a veces el pecado nos obliga a pagar el costoso precio de las consecuencias de este. He tratado innumerables casos en los que las personas fueron salvadas para el reino de Dios cuando retornaron arrepentidas al hogar y al Padre; pero aún así, tuvieron que pagar el elevado precio que correspondía a las secuelas dejadas por una vida disoluta y derrochadora.

David había nacido en un hogar cristiano, pero muy temprano en su juventud perdió la confianza en su padre celestial y se alejó de los caminos de Dios. Y los vicios y la mundanalidad pasaron a formar parte de sus continuos hábitos de vida. Durante largos años no solo "disfrutaba" de cada pecado y práctica mundana en que participaba, sino que hasta se burlaba de quienes aún continuaban viviendo la vida cristiana y dependían del poder y del amor de Dios.

Pero un día David se sintió viejo y enfermo y fue llevado al médico, entonces se supo que estaba enfermo de cáncer y que ya no había nada que la ciencia pudiera hacer para salvarlo de una muerte segura. Pero en medio de su enfermedad sintió nuevamente la voz del padre celestial que por medio de su Santo Espíritu lo llamaba. Solicitó asistencia a su cristiana familia, y los hermanos de la iglesia comenzaron a visitarlo y ayudarlo. Esa nueva experiencia fue como un bálsamo para él. La seguridad de la salvación que es en Cristo Jesús lo hacía sentirse a salvo. De modo que confesó sus pecados a Dios y sintió en su vida la seguridad del perdón.

David padecía de un cáncer de estómago en etapa terminal, tal vez los vicios y la mala vida habían contribuido a que el terrible padecimiento se apoderara de él, pero gracias a la misericordia divina también la puerta de la oportunidad se abría nuevamente ante sí. Puede decirse que él estaba de vuelta al hogar celestial y sentía la seguridad de la salvación en su vida; pero una vida que pudo dar mucho más para Dios y para la humanidad yacía tendida y exánime en su lecho de muerte. Ahora él era solo un hombre que esperaba lo inevitable afianzado a la fe de Jesús. Pocos días después el pastor decía ante el féretro de David: "Él fue un hijo pródigo que retornó a casa, y el Padre lo recibe lleno de amor y simpatía. Estamos seguros que muy pronto, cuando Jesús vuelva a buscarnos, David escuchará la voz del Padre cuando le diga: hijo levántate, vuelve a casa".

Adán y Eva fueron los primeros en sufrir las consecuencias de la desobediencia, ellos se arrepintieron de su pecado y fueron perdonados, pero a pesar de su arrepentimiento y de su perdón, ambos tuvieron que sufrir los efectos del Edén perdido. Sin embargo, parece que existen ciertas similitudes entre el caso de Adán y el del Hijo perdido. Adán, confecciona delantales de hojas y tiene que ser encontrado por su padre que lo busca insistentemente diciendo: "Adán, Adán, ¿dónde estás tú? (Gn. 3:9). Y similarmente el Pródigo también había tratado de restaurar lo perdido buscando empleo, pero su esfuerzo, como una estrella fugaz que se apaga, termina al lado de los cerdos disputándole el alimento. Puede decirse que para el pródigo, buscar empleo representa las hojas de higuera cosidas por Adán; pero entonces también ve la imagen del padre llamándolo desde su hogar, y en su conciencia oye la voz amorosa del padre diciéndole: ¿Dónde estás? ¿Qué has hecho? Ven a mí nuevamente y te perdonaré, y él, oyendo la voz de su padre decide reconocer su error y retornar al hogar perdido.

En ambas escenas se manifiesta la acción más importante de la redención humana, la presencia de un Dios de amor que trasciende su inmaculada gloria y eternidad para encontrarse con una criatura mortal que puede ser rescatada. Eso demuestra, que por grandes que sean nuestros pecados, que por mucho que huyamos de Dios, él siempre viene a buscarnos antes que nosotros decidamos regresar a él; es por eso que lo único que hace falta para ser rescatado es escuchar su amorosa voz que te dice las mismas palabras repetidas en ese himno que a menudo cantamos en la iglesia: "Ven a mí te quiero recibir".

Es curioso el contraste que ofrecen las aspiraciones de Adán con la realidad de los resultados obtenidos después del pecado. Tiene razón aquel profesor que muy acertadamente comentaba en el aula de clases: "Animado por Satanás Adán miró arriba y quiso ser como Dios, sin embargo, finalmente termina mirando abajo y rebajado al nivel de la flora, con la cual procura luego cubrir su descabellada falta. Por eso, pierde el divino manto de luz que cubría su desnudez y cubre su necesidad con hojas de la floresta". Así también pasó al hijo pródigo, quiso ser libre separado del padre, y terminó siendo esclavo de la propia libertad que había soñado. Y asimismo también ocurre a muchos hoy en día, los cuales, animados por el afán de independencia y de una felicidad basada en la separación de Dios, terminan enredados en las redes de Satanás, cautivos del vicio, y víctimas de la infelicidad que surge del resultado de una vida sin Cristo.

Las hojas representan la indignidad del hombre, lo poco que él es capaz de hacer por sí mismo. Por lo tanto, el hijo perdido rápidamente renuncia a salvarse a sí mismo, y de una vez reconoce su triste y precaria condición: "No soy digno", ni siquiera "de ser llamado tu hijo". Y humilladamente presenta su humilde petición: "Hazme como a uno de tus jornaleros" (Lc. 15:19).

Otro profesor decía una vez en el aula, "La ley de los justos merecimientos es la ley del pecado", y es evidente que Satanás pecó porque creía que merecía el honor que no le correspondía. Asimismo, hoy en día muchos de los que se rebelan contra Dios creen que merecen todo. Por eso, al reconocer su indignidad humana, el hijo pródigo está reconociendo: "No soy nadie, no merezco nada". En cambio, reconoce que su única posibilidad se encuentra ahora en la piedad y compasión del padre, la cual es símbolo imperecedero de la misericordia divina. Ya no desea ser tratado como un heredero, ahora se conforma tan solo con ser aceptado como un simple jornalero, como un insignificante siervo. Definitivamente, la única fuerza que atrae de nuevo al hijo al hogar paterno es el amor del padre.

Así, al Jesús relatar la significativa historia del hijo pródigo, revela el verdadero modelo del arrepentimiento y confesión de quienes han sido completamente "Atraídos por el amor" de Dios. La "vuelta en sí", es un reconocimiento absoluto y completo de que apartarse de Dios es una verdadera locura. "Me levantaré", indica el reconocimiento personal de que uno está caído, y de que permanecer en esa incómoda e inútil postura es un verdadero suicidio. Al confesar "he pecado", expresa la convicción que le permite mostrarse ante el padre tal cual es, sin orgullo, e invadido de una sumisión plena, la cual puede permitir que la voluntad de Dios se cumpla a plenitud en su vida. Y finalmente el tácito reconocimiento de "su indignidad", el cual es reflejado cuando él mismo exclama: "no soy digno, hazme como a uno de tus jornaleros", acreditan en definitiva su condición para recibir el perdón absoluto y amoroso del amante padre.

Es cierto que el Talmud enseña que "Aquel que salva una vida, salva al mundo entero", pero la Biblia demuestra que la muerte de uno, trajo la vida de muchos" (Ro. 5:17-19). Es cierto que más de un millar de judíos, sirviendo como jornaleros, fueron rescatados en Cracovia de los hornos crematorios del nazismo por un hombre llamado Schindler. Pero también es cierto que millones de pecadores arrepentidos, convertidos en jornaleros del Padre Celestial, somos rescatados del pecado por un salvador llamado Jesús.

Definitivamente, es mejor ser un jornalero de Dios, que un rey con el príncipe del mal. Pero la única fuerza capaz de inducir reconocimientos tales en el corazón de un pecador es la fuerza del amor que viene del Padre. Recuerda que tienes un hogar, recuerda que tienes un padre, recuerda que en el hogar del padre existe alimento suficiente para todos los que deseen volver. Reconoce que por su amor puedes recuperar tu forma de pensar, reconoce que puedes levantarte delante de Jesús, reconoce que has pecado, pero que puedes ser perdonado, y reconoce que, "aunque no eres digno", Jesús desea dignificar tu vida como el hijo que realmente eres. Reconoce que solamente él puede "atraernos con su infinito amor".

CAPÍTULO 7

JUSTIFICADOS POR EL AMOR

Jacobo tenía más de ochenta años de edad y vivía solo en una pequeña choza de tablas, techo de guano, y piso de tierra. Desde hacía algunos años había enviudado y pasaba la mayor parte de su tiempo solo y privado aún de la visita de muchas de sus antiguas amistades, por lo cual puede decirse que vivía una vida solitaria y aburrida. Lo único que le quedaba era su fe en Dios y algunos hermanos de la iglesia que lo visitábamos de vez en cuando. Pues había sido cristiano por más de cinco décadas de su vida.

Un día fui a verlo y lo encontré abrazado a un hombre de poco más de cincuenta años de edad; estaba emocionado, las lágrimas le corrían por las mejillas, y lo apretaba fuertemente contra su pecho, evidentemente se estaban despidiendo. Terminada la triste ceremonia, él y yo, sentados frente a frente, nos quedamos solos dentro de la pequeña y rústica choza; él secaba las lágrimas de sus mejillas con un pañuelo, mientras yo lo contemplaba y pensaba en qué palabras de consuelo podría decirle que lo sacaran de la profunda melancolía en que había quedado sumido.

—Es mi hijo—balbuceó mirándome fijamente con los ojos todavía humedecidos por las lágrimas—, mi único hijo . . .

—Pues lo felicito hermano—dije amigablemente—, no sabía que tuviera usted un hijo . . . , lo felicito.

—Pastor—dijo sollozando—, es una larga historia que no quisiera recordar nunca: Toda mi vida la pasé reuniendo centavo a centavo y peso a peso para tener un pequeño ahorro que me sirviera de sostén en caso de cualquier emergencia futura de la vejes, así llegué a reunir la suma de $ 4000.00 pesos cubanos, la cual en este tiempo es bastante dinero.

Con ese ahorro pensaba pasar libre de preocupaciones mis últimos años de vida. Yo los guardaba detrás de ese pequeño espejo que usted ve en la pared. En él me afeito todas las mañanas, me miro varias veces al día, y detrás de él guardaba secretamente todos mis recursos ahorrados. Cada vez que me paraba frente al espejo yo metía las manos detrás de él y palpaba el pequeño bulto que permanecía allí por muchos años, y a veces hasta cerraba toda la casa y lo revisaba con mucho cuidado para evitar que algún insecto le hiciera daño; y luego lo volvía a colocar allí entre el espejo y la pared . . . Pero Pastor . . . , Pastor . . .—Exclamó.

—¿Qué pasó hermano?—pregunté, tratando nuevamente de calmar al entristecido anciano.

—Un día . . .—balbuceó sollozando—, él vino, como mismo venía a cada rato a esta casa. Lo atendí como siempre, lo mejor que pude, y luego lo despedí. Él nunca se quedaba a dormir aquí. Después que se fue, algo me dijo que fuera al espejo, así que me paré frente a él, observé con dificultad mi arrugado rostro, y como siempre lo hacía, extendí mis manos detrás del vidrio. Pastor . . . , Pastor . . . , Pastor . . . , sentí por todo mi cuerpo como un fuerte shock eléctrico y caí hacia atrás sobre mi cama. Nunca supe cuantas horas dormí, si acaso fue sueño lo que realmente pasé, porque al otro día por la tarde, cuando me levanté, lo único que recordaba es que el dinero no estaba donde yo siempre lo guardaba.

—¡Qué pena hermano! Pero confíe, el Señor no abandona a ninguno de sus hijos fieles.

—Pastor . . . , mi hijo, mi único hijo me lo llevó, él me robó el ahorro de toda una vida de trabajo y esfuerzo. Pastor . . . , estuve decepcionado de él por mucho tiempo, él no merece nada de mí, pero finalmente lo he perdonado porque él es el único hijo que tengo. Usted acaba de ver el modo como nos despedimos.

Gracias a Dios, con todo el odio que se desborda por todas partes en este mundo que nos ha tocado vivir, todavía se escuchan historias desinteresadas acerca del amor de los padres por sus hijos. Cuando Jesús contó la historia acerca del dramático suceso del hijo que desperdició los bienes de su padre, también habló de un regreso, y de un perdón. Anunciando de ese modo la posibilidad de que cada ser humano sea perdonado por su padre celestial, sin tomar en cuenta un pasado de rebelión y alejamiento mundano. De modo que, en la última parte de la parábola Jesús presenta el amoroso tema del perdón y la justificación divina (Lc. 15:20-24); sin lo cual, sería imposible redimir al ser humano caído. Por lo cual también dijo: "Pues si vosotros, siendo malos, sabéis dar buenas dádivas a vuestros hijos. ¿Cuánto más vuestro Padre que está en los cielos dará buenas cosas a los que le pidan? (Mt. 7:11).

Sentado junto a los cerdos que apacentaba, el hijo rebelde tuvo la oportunidad de recordar ¡cuánto el padre lo amaba! Sin lugar a dudas, el carácter atrayente del padre continuaba influyendo en el descarriado hijo, y ahora comenzaba a realizarse la transformadora obra. La actitud positiva del pródigo puede hacernos pensar que la iniciativa en su salvación la tomó él mismo; pero la verdad es que no hay nada que podamos hacer por nosotros mismos para arrepentirnos, y que si Dios no lo hiciera permaneceríamos completamente perdidos para siempre, verdad que puede ser ilustrada con las siguientes palabras de San Pablo: "Porque Dios es el que en vosotros produce así el querer como el hacer, por su buena voluntad" (Fil. 2:13). Y Juan había dicho ya: "Porque de tal manera amó Dios al mundo, que ha dado a su hijo unigénito, para que todo aquel que en él cree, no se pierda, más tenga vida eterna" (Jn. 3:16) (*Francis D. Nichol y Asociados*, 1978-1990, vol. 5, 800). De ese modo, la influencia del padre retoma nuevamente el control de la mente del hijo, y este decide retornar al hogar.

Después de los profundos reconocimientos del rebelde joven, algo debe ocurrir si finalmente éste decide retornar arrepentido al hogar del padre. Inmediatamente que el joven razona y llega por sí mismo a las mejores conclusiones que ha podido llegar en toda su vida: "he sido víctima de una verdadera locura"; "he estado derrumbado en el suelo", "he pecado", y, "no merezco nada", no le queda otra alternativa que comenzar a actuar en un sentido diferente. Jesús lo dice en pocas palabras: "Y levantándose, vino a su padre" (Lc. 15:20 pp.).

Es evidente que el versículo continúa añadiendo al relato una nota extraordinariamente interesante, porque el hijo está de regreso y ha tomado todas las provisiones necesarias, ha reconocido su triste circunstancia, se ha arrepentido de corazón, ha aceptado su absoluta necesidad de confesar su culpabilidad, ha preparado un breve discurso de confesión, arrepentimiento, y solicitud de perdón misericordioso, y ha partido de retorno al hogar que una vez abandonó. Sin embargo, lo verdaderamente sorprendente está centrado ahora en: ¿Cuál será la actitud del Padre al verlo regresar en semejantes condiciones de depauperación física, mental espiritual, y económica? Porque en definitiva, eso es lo que más importa después que alguien se arrepiente y decide encontrarse nuevamente con su Dios.

De modo que este capítulo, "Justificados por el amor", trata acerca de las actitudes sorprendentes del Padre luego del regreso de su amado hijo al hogar. Actitudes que restituyen definitivamente al hijo perdido al seno de la familia.

Dios quiere recibirte

La primera actitud sorprendente del padre es la tremenda disposición de este a recibir a su desobediente hijo que vuelve al hogar arrepentido y en pésimas condiciones. No obstante, por duro que parezca el reencuentro entre el descarriado hijo y el anhelante padre que lo ha estado esperando todo el tiempo, Jesús simplifica ese encuentro a unas pocas palabras que reflejan con claridad el profundo amor y desinterés de un Dios que siempre ha estado anhelando y esperando el retorno de cada uno de sus hijos al hogar: "cuando aún estaba lejos, lo vio su padre, y fue movido a misericordia, y corrió, y se echó sobre su cuello, y le besó" (Lc. 15:20 up.).

Cuando una persona ha tenido problemas con otra y después de mucho tiempo de ausencia y disgusto espera reencontrarse con la persona del problema, normalmente es invadida por un profundo sentimiento de duda, el cual, a veces llega a producir una intensa angustia mental. En ese sentido la Biblia registra el caso del reencuentro de Jacob y Esaú; había pasado mucho tiempo desde aquellos acontecimientos que los separaron, pero en unas pocas horas se encontrarían nuevamente. Pero, Jacob había sido profundamente afectado por la duda y la desconfianza y se había preparado como para encontrarse con un presunto enemigo, el cual avanzaba hacia él con 400 hombres poderosamente armados. Felizmente, después de todos los preparativos aquél fue un reencuentro para bien (Gn. 32-33).

Del mismo modo, estamos viendo a un hijo que vuelve al encuentro de un padre al cual abandonó. A quien no solo abandonó, sino que además heredó en vida y luego despilfarró todo cuanto éste le había confiado. El momento parece tenso, y así habría sido para la mayoría de los oyentes y aún para nosotros en ésta época moderna. Pero, para sorpresa de todos, el padre sale a su encuentro y se abraza al hijo inseparablemente. Por lo tanto, la primera idea que se puede extraer de este incidente es que el Padre siempre está dispuesto a recibirnos, porque: "cuando aún estaba lejos, lo vio su padre, y fue movido a misericordia, y corrió, y se echó sobre su cuello, y le besó".

Según Hendriksen, el hecho de que haya corrido, le añade a la historia un elemento de desafío, porque en esa época un anciano no debía correr. Se consideraba una acción indigna para un hombre de avanzada edad, de acuerdo a la costumbre debía esperar a que su hijo llegara (Hendriksen 1990, 715). Eso precisamente era lo que enseñaban los escribas y fariseos, Dios está ahí esperando con paciencia que tú te canses y regreses a él. Pero Jesús, con una sola palabra desmorona las extraviadas interpretaciones de los escribas y fariseos; y presenta a sus oyentes a un padre conmovido corriendo a encontrarse con su hijo que vuelve arrepentido. Y demuestra, que si el padre no había ido a buscarlo, es porque él respeta las deciciones de sus hijos.

Ese efusivo recibimiento prueba que el padre nos ve desde la enorme distancia de la separación, se compadece de nosotros a pesar del alejamiento, actúa con urgencia en medio de nuestras necesidades, corre, se apura, y demuestra que nos ama incuestionablemente; nos abraza sin escrúpulos por nuestras suciedades, y hasta nos besa sin atender a qué olíamos. Cuando venimos de viaje, y estamos sucios, y nuestra piel transpira copiosamente por los poros, el cuello viene a ser uno de los lugares más delicados de nuestro cuerpo. Por ello, debemos observar con emoción profunda al padre que sin fijarse en el trabajo que había estado realizando el hijo, sin preguntar si se había bañado o no, y sin tomar en cuenta a qué olía aquél cuello, "se echa sobre su cuello, y lo besa".

Dios es un Dios de amor, a él no le importa qué hacías antes del regreso, cuán sucio estás, y a qué hueles, ni siquiera espera que llegues, sino que corre a tu encuentro y te recibe gozoso. Jesús usa una palabra que lo dice todo: "misericordia"; la palabra misericordia encierra en sí misma una serie de significados asombrosos: piedad, compasión, clemencia, humanidad, indulgencia, comprensión, devoción, y altruismo. Misericordia, en fin, es la palabra que nos devuelve la posibilidad de retornar al hogar paterno sin ninguna clase de impedimento. La misericordia es la que nos prueba que Dios nos ama de verdad, y cuánto está dispuesto a hacer para recuperarnos al hogar perdido. El amor y la misericordia hacen que sin tomar en cuenta el pasado, el padre siempre esté dispuesto a recibir de vuelta a cada uno de los hijos que se descarriaron y vuelven de regreso al hogar. Con esa acción

Jesús muestra que la primera actitud del padre, a pesar de nuestros errores cometidos, siempre será perdonarnos y recibirnos.

Dios quiere libertarte

La segunda actitud sorprendente del padre está relacionada con el trato posterior al recibimiento del hijo. El asunto no termina allí, con el perdón y la reconciliación de un hijo que por derecho propio no merecía nada, pero que por amor y misericordia acababa de ser aceptado nuevamente por el amoroso padre. Jesús agrega otra nota sorprendente: "Y el hijo le dijo: Padre, he pecado contra el cielo y contra ti, y ya no soy digno de ser llamado tu hijo. Pero el padre dijo a sus siervos: Sacad el mejor vestido, y vestidle; y poned un anillo en su mano, y calzado en sus pies" (Lc. 15:21-22).

Mientras el conmovido padre lo abraza y lo besa, nunca permitió al hijo pronunciar el discurso que se había preparado, y feliz por el retorno del hijo perdido, sin hacer caso de su amado hijo, llama al personal de servicio y les ordena: "Sacad el mejor vestido, y vestidle; y poned un anillo en su mano, y calzado en sus pies" (*Hendriksen*, 1990, 715). Lo único que él desea es honrar a su hijo y convertirlo en un hombre verdaderamente libre.

Antes de esta maravillosa historia del hijo que regresa a casa, la Biblia menciona otros dos ejemplos que tienen que ver con el asunto del vestuario: Adán y Eva vestidos por Dios, y Moisés vistiendo a su hermano Aarón. Ambos relatos ilustran bastante bien que en el programa divino el vestuario simboliza "la justicia de Cristo" que cubre nuestros pecados.

El primero de los ejemplos es el caso de Adán y Eva después que pecaron y se vistieron con hojas de higueras. Este hecho es un reflejo de cómo el hombre continuamente intenta hacer por él mismo lo que solo Dios puede hacer: "Entonces fueron abiertos los ojos de ambos, y conocieron que estaban desnudos; entonces cosieron hojas de higuera, y se hicieron delantales" (Gn. 3:7). Desde entonces las hojas de higuera representan la justicia propia, lo que el hombre sin Cristo es capaz de hacer por sí mismo.

De manera que, como ya se ha mencionado, Elena G. de White se refiere a la ineficiencia de ese vestuario asegurando que "las hojas de higuera cosidas se usaron desde los días de Adán, y a pesar de ello la desnudez del alma del pecador no está cubierta". Y asegura que "todos los argumentos reunidos por los que se interesaron por este manto frívolo, vendrán a ser nada". Y además, sostiene que "Cristo se manifestó en nuestro mundo para quitar la transgresión y el pecado, y sustituir la cobertura de hojas de higuera por el manto puro de su justicia" (*Historia de los Patriarcas y Profetas*, 1955, 377). Y, en otro parte comenta: "Las hojas de higuera representan los argumentos usados para cubrir la desobediencia" (*Conflicto y valor*, 1981, 18).

Ellos eran incapaces de vestirse correctamente por sí solos, así que Dios tuvo que vestirlos con pieles de animales: "Y Jehová Dios hizo al hombre y a su mujer túnicas de pieles, y los vistió" (Gn. 3:21). Fue por eso que ellos necesitaron ser vestidos por Dios, el padre que los había traído a la existencia, el cual les quitó los insuficientes vestidos hechos con hojas de higuera y los vistió con pieles de animales (Gn. 3:21). Desde entonces ser vestido con pieles de animales tiene tres significados importantes: "es un recordativo constante de su perdida inocencia"; "recuerda la muerte como la paga del pecado", y "anuncia al prometido Cordero de Dios quien, por su propia muerte vicaria, quitaría los pecados del mundo" (*Francis D. Nichol y Asociados*, 1978-1990, vol. 1, 248).

El segundo ejemplo está relacionado con la construcción del tabernáculo en el desierto, ocasión en que Dios mismo llama a Moisés y le ordena: "Y llevarás a Aarón y sus hijos a la puerta del tabernáculo de reunión, y los lavarás con agua. Y tomarás las vestiduras, y vestirás a Aarón la túnica" (Ex. 29:4-5); orden que fue cumplida estrictamente por Moisés: "Entonces Moisés hizo acercarse a Aarón y a sus hijos, y los lavó con agua. Y puso sobre él la túnica, y le ciñó con el cinto; le vistió después el manto . . ." (Lv. 8:6-7). Lo último que le pueda pasar a cualquier ser humano adulto es ser bañado y vestido por otra persona. Pero eso fue lo que hizo Moisés con su hermano mayor. Fue algo simbólico, de cuyo hecho se afirma que: "No debían lavarse a sí mismos, porque la pureza que Dios exigía de ellos no era algo que ellos mismos pudiesen proporcionar. Otra persona debía lavarlos" (*Francis D. Nichol y Asociados*, 1978-1990, vol. 1, 757).

El vestido con que Moisés los cubrió después de lavados prefiguraba de una manera muy especial aquél acto salvífico que se obraría en la cruz del calvario: "Este también era un acto simbólico; no se le permitió pues vestirse a sí mismo . . . Aarón debía someterse a las órdenes de Dios. Debía llegar a sentir su propia insuficiencia. Debía aprender que nada de lo que él pudiese hacer sería aceptable ante Dios. Debía aprender la lección de una completa dependencia. Era Dios quien lo estaba adecuando y preparando para el servicio. Era Dios quien lo estaba vistiendo con la justicia divina" (*Ibid*).

Por lo que, Jesús extrae todas aquellas profundas verdades y las explica por medio de un corto y sencillo relato: "Sacad el mejor vestido; y vestidle". El hijo que ha regresado no se puede vestir a sí mismo, su vida pasada, sucia e indigna, no puede quedar cubierta con lo que él sea capaz de hacer por sí mismo; y así como el manto que el padre pone sobre el hijo, la justicia de Cristo debe limpiar y cubrir la vida pasada de quienes vienen a él. Así, el hijo quedó justificado, no había sido recibido como un siervo, sino como un hijo legítimo; acción que debe servir de ánimo a todo aquél que desea retornar al hogar de su amante salvador. Cada pecador arrepentido, no solo es recibido y perdonado cuando vuelve al Padre, sino, que además, es vestido con la justicia de Cristo y recibido como un verdadero hijo, con todos los derechos que esta decisión implica.

Pero el misericordioso padre no se quedó allí, ordenó además "poned un anillo en su mano". Lo más probable es que no se trataba de una simple prenda, de un insignificante lujo, de un simple anillo decorativo, sino que más bien se trataba del sello de la familia; el instrumento que lo acreditaba como miembro de la familia y le confería la autoridad de un verdadero y legítimo hijo (*Hendriksen*, 1990, 715).

Y para que la rehabilitación fuera totalmente completada ordena que le pongan "calzado en sus pies". Un hombre calzado era símbolo de alguien que ya no es más un esclavo, de uno que ahora es un hombre libre, el cual, con toda la autoridad conferida por el padre, puede vivir como un verdadero y legítimo hijo. Eran los siervos quienes usualmente andaban descalzos. "El calzado es otra señal inequívoca de que el padre recibió al pródigo arrepentido como hijo y no como siervo" (*Francis D. Nichol y Asociados*, 1978-1990, vol. 5, 801). Esa acción muestra que la libertad en Cristo es la verdadera y única libertad. Y Cristo mismo la define del siguiente modo: "Conoceréis la verdad, y la verdad os hará libres" (Jn. 8:32). Y en otra parte agrega: "Yo soy el camino, y la verdad, y la vida; nadie viene al padre, sino por mi" (Jn. 14:6).

Ambos versículos ponen de manifiesto una de las más grandes verdades del evangelio, la cual viene a convertirse en el centro mismo del plan de salvación que Dios ha trazado para la raza humana: Jesús es el centro mismo de la salvación; él es el camino hacia el padre, él es la verdad, y él es la vida. Es decir, sin Jesús no existe redención, porque la salvación no es una doctrina, como pensaban los escribas y fariseos, la salvación es una persona. La verdad no es doctrina o filosofía, la verdad también es una persona. Y esa persona es la persona de nuestro Señor Jesucristo. El único que puede declararnos verdaderamente libres.

Por eso Jesús llama, no solo al hijo extraviado, sino a cada alma perdida de este mundo; a todos él les dice, "Venid a mí todos los que estáis trabajados y cargados, y yo os haré descansar. Llevad mi yugo sobre vosotros, y aprended de mí, que soy manso y humilde de corazón; y hallaréis descanso para vuestras almas; porque mi yugo es fácil, y ligera mi carga" (Mt. 11:28-30). Es curioso que sus palabras sugieran la idea de que existen dos tipos de esclavitudes, dos clases de yugos; los cuales tienen funciones diferentes, objetivos diferentes, resultados diferentes, y distintos destinos y amos.

El primero de ellos es el yugo de esclavitud: Era una argolla de acero que se cerraba alrededor del cuello de la víctima, la cual era unida por una pesada cadena a la argolla que estaba alrededor del cuello del siguiente encadenado. Y así, sucesivamente, la fila podía llegar a ser muy larga. El yugo jugaba un papel fundamental, era común ver espectáculos como ese en cualquier parte, donde mientras los azotaban y los maltrataban hasta la muerte, los esclavos eran conducidos de ese modo realmente humillante. Ese yugo representa al pecado, el cual no solamente encadena al pecador, sino que lo enlaza hasta la misma muerte. Era un yugo cuya función consistía en atar, esclavizar, explotar, y controlar perpetuamente a una persona para ser gobernada y esquilmada por otro. La persona tenía que someterse a su amo de tal modo que no quedaban para él opciones; alguien pensaba por él, decidía por él, actuaba por él, y se beneficiaba de él. De manera que un esclavo no se pertenecía a sí mismo, sino que era propiedad de alguien que lo había comprado para obtener ganancias personales por medio de él.

En la primera epístola a Timoteo Pablo trata por todos los medios de atenuar las asperezas y rencores que surgían a causa del yugo de esclavitud. Él hace un llamado a todos los creyentes que aún permanecían "bajo el yugo de esclavitud" (1 Ti. 6:1-2), y los invita a soportar, y a ser condescendientes. Sin embargo, lo más controversial del asunto, es que él los llama a soportar un yugo, por causa de otro yugo: "El yugo de Cristo".

El yugo que Jesús ofrece es un yugo diferente, no es un instrumento de esclavitud, sino una herramienta de servicio: "Llevad mi yugo sobre vosotros, y aprended de mí, que soy manso y humilde de corazón; y hallaréis descanso para vuestras almas; porque mi yugo es fácil, y ligera mi carga". El yugo de Jesús es un yugo que el pecador lleva sobre él como los bueyes llevan el suyo cuando cumplen con las tareas impuestas. Ese yugo que Jesús toma como ejemplo, en vez de esclavizar facilita el trabajo, lo hace más llevadero, y también más productivo. "Al referirse a su yugo, Cristo hablaba de su manera de vivir. La figura que Cristo empleó aquí no era desconocida para sus oyentes, pues los rabinos también se referían a la Torah como a un "yugo", no porque fuera una carga, sino más bien una disciplina, una manera de vivir a la cual debían someterse los hombres" (*Francis D. Nichol y Asociados*, 1978-1990, vol. 5, 379).

Eran dos implementos que contrastaban uno con otro. El yugo de esclavitud, el cual es un instrumento esclavizador, y el yugo de trabajo, que es una herramienta de servicio, establecen una gran verdad: todos podemos ser enyugados a uno u otro yugo, no existe una tercera opción, por eso Jesús dijo un poco más adelante "El que no es conmigo, contra mí es; y el que conmigo no recoge, desparrama" (Mt. 12:30). La vida mundana es esclavitud, y la vida cristiana es servicio. Entonces el hijo perdido regresaba de la esclavitud de la vida mundana al servicio de la casa del padre. Por esa razón el padre no lo trata como un esclavo, sino como un hombre libre, porque el yugo de Cristo no es el yugo de la esclavitud, sino el de servicio y libertad.

¿Cómo pues dicen algunos: "Yo no acepto a Cristo porque me prohíben muchas cosas? Lo dicen porque evidentemente no comprenden que Jesús no prohíbe nada, sino que cuando aceptamos su llamado a seguirlo, entonces deseamos ser como él era, vivir como él vivía, comer como él comía, adorar como él adoraba, y aceptamos todo lo que viene de él. Por eso, cuando la gente se preocupa porque otros no comprende algunas verdades del evangelio, digo: "No se apuren, esta obra no es tuya, ni mía, ni de él, el que comenzó la obra en él la terminará"; porque Pablo estaba convencido de que "el que comenzó en vosotros la buena obra, la perfeccionará hasta el día de Jesucristo" (Fil. 1:6). Y agrego: "Soy la única persona que puede impedir que Dios haga conmigo lo que él desea hacer".

Con el yugo de esclavitud Satanás encadena a sus seguidores. Con el yugo de servicio, Jesús liberta a quienes lo aman. A diferencia del yugo de acero que llevaban los esclavos, el yugo de Cristo es de madera, y hasta se le pone como una especie de almohada para que quien lo use no sufra demasiado, y tiene dos plazas, en una vas tú y en la otra va Jesús que te ayuda a llevar tus cargas continuamente. Esa es la verdadera libertad, aquella en la que Jesús lo hace por ti. Cuando el padre honra al hijo: "Sacad el mejor vestido, y vestidle; y poned un anillo en su mano, y calzado en sus pies", lo está liberando para siempre, ya no es más un esclavo, desde ese preciso instante para el hijo no será más una carga servir al padre, sino que constituirá un verdadero gozo servir a aquél que lo liberó definitivamente de la esclavitud del pecado.

Dios quiere sacrificarse por ti

La tercera actitud sorprendente del padre del hijo que retorna arrepentido es su disposición a sacrificar algo por alguien que no merece nada, uno que hizo su voluntad, se alejó porque quiso, deshonró el hogar del padre, malgastó su herencia, y ahora vuelve absolutamente desbancado, humillado, magullado, apestado, y desposeído de todo lo que antes tuvo. Pero que a pesar de todo, escucha con asombro "traed el becerro gordo y matadlo" (Lc. 15:23 pp.).

Es significativo que muchos ni siquiera le prestan atención a que hubo una muerte por causa de los errores cometidos por el desobediente hijo. Ni tampoco se dan cuenta que mientras todos se gozaban hubo alguien que en vez de gozarse tuvo que morir. Por esa razón, al leer del becerro muerto, prefiero recordar que también Cristo derramó su sangre para que nosotros pudiésemos retornar al hogar y luego ser perdonados.

A simple vista este becerro muerto solamente parece un elemento festivo y parte de la fiesta de celebración por el hijo recuperado, y lo más probable es que así sea. Pienso que este becerro muerto por causa de un hijo desobediente que regresa y es perdonado, bien puede recordarnos el sacrificio de Jesús por el perdón de nuestros pecados. Por esa razón, si no hubiera otra, sería conveniente tomar en cuenta el detalle del becerro gordo que Jesús menciona en la parábola, el cual puede añadir un complemento que muchos tal vez no perciben, porque dejándose llevar por la tensión emocional que produce el encuentro del padre con el hijo que retorna al hogar, y profundamente impactados por el indiscutible e inmenso amor del padre perdonador, casi que piensan: "Bueno, ya el hijo apareció, eso es suficiente; déjalos ahora que se alegren y se diviertan en familia".

Esas pocas palabras: "traed el becerro gordo y matadlo", haciendo una aplicación extendida, puede mostrarnos la más grande de todas las verdades que enseña esta preciosa parábola: Dios es amor, y nos ama hasta la muerte; porque enseña que alguien tuvo que morir para que el hijo pudiera ser perdonado y recibido. Así mismo, la Biblia asegura que "sin derramamiento de sangre no se hace remisión" (He. 9:22). De acuerdo a las claras y pertinentes enseñanzas de toda la Biblia, era totalmente imposible que sin el sacrificio vicario de Cristo el hijo fuera perdonado; él fue perdonado porque el cordero estaba allí mismo para derramar su sangre por él. El día en que la gente quiso averiguar quién era realmente el Mesías Juan lo anunció públicamente presentándolo como "el Cordero de Dios que quita el pecado del mundo" (Jn. 1:29); y la gente debía tener la seguridad de que Jesús quitaría sus pecados.

A veces pienso que es por esa razón que en la parábola alguien tiene que morir para celebrar que apareció uno que estaba muerto y vivió, alguien que estaba perdido y ha sido encontrado. En esta historia muere el mejor becerro, pero en la realidad, por ti y por mí murió el más grande de todos los seres del Universo: "Jesús", nuestro creador y sustentador; el mismo que en la cruz del calvario se convierte en el redentor y salvador de los perdidos; de todos los hijos pródigos que a través de la larga historia humana hemos regresado a los amorosos brazos del Padre celestial.

Dios quiere gozarse contigo

La cuarta y última actitud sorprendente del padre en esta parábola es su enorme disposición a gozarse con alguien que lo ha vituperado, deshonrado, y desobedecido, pero que sencillamente retorna a casa después de un rotundo fracaso. Es indiscutible que la aparición del hijo perdido provocó un gozo indescriptible en el hogar del padre que durante tanto tiempo lo había esperado con ansias inenarrables de volver a verlo. Ahora, la espera ha concluido y el hijo ha regresado, y ha sido ampliamente beneficiado con el amor perdonador de un padre "que es paciente para con nosotros, no queriendo que ninguno perezca, sino que todos procedan al arrepentimiento" (2 P. 3:9). ¿Qué es lo menos que puede hacerse después que ocurre un logro de esa magnitud? Regocijarse, festejar, celebrar, y eso es lo que precisamente ocurre en el hogar del padre cuando alguien decide regresar a casa; cuando tú vuelves arrepentido de todo corazón al hogar de tu padre que siempre te ha estado esperando, el cielo entero prorrumpe en un derroche inenarrable de gozo y satisfacción.

Como en las parábolas de "La oveja perdida" y de "La moneda perdida", inmediatamente Jesús conduce su relato de la tensión del encuentro, al gozo que el acontecimiento produjo en el corazón de todos los miembros de la familia: "Comamos y hagamos fiesta; porque este mi hijo muerto era, y ha revivido; se había perdido, y es hallado. Y comenzaron a regocijarse" (Lc. 15:23-24).

A pesar de que la mente de los oyentes ya había sido llevada de la tensión de un hijo extraviado al gozo indescriptible que provoca la restauración de un hijo perdido, Jesús recalca por encima de todo, los dos aspectos fundamentales que justifican el gozo y el regocijo de aquella celebración: El primer motivo de gozo se desprende de una realidad meridiana: "porque este mi hijo muerto era". La realidad es que quien se aleja del padre y del hogar celestial, está muerto. Pablo lo advierte a los romanos del modo más esperanzador posible: "la paga del pecado es muerte" (Ro. 6:23pp.); les indica claramente que el pecado es muerte, pero a la vez les garantiza que existe una esperanza porque en Jesús hay plena posibilidad de salvación: "más la dádiva de Dios es vida eterna en Cristo" (Ro. 6:23 up.). Pero, antes que Pablo, Jesús enfatiza: "mi hijo muerto era" indicando que alguien estaba muerto y vivió. Y, seguidamente el padre asegura: "mi hijo ha revivido". Quiere decir que cuando alguien regresa al hogar del padre vuelve a recuperar la vida, recupera la posibilidad de la vida eterna y alcanza la verdadera vida. Así, el motivo del gozo es celebrar que alguien ha muerto y ha revivido; ha vuelto a la verdadera vida, a la existencia junto al padre y al lado de toda la familia universal.

El segundo motivo de gozo anuncia el verdadero final de quienes se alejan de Dios y no retornan: "Se había perdido, y es hallado". De manera que el retorno del hijo provoca un gozo indescriptible en el padre, porque alguien que estaba perdido ha sido hallado. Estar perdido es triste, muy triste, se han escrito aleccionadoras historias de gente perdida físicamente, pero las más dramáticas tienen que ver con quienes están perdidos espiritualmente. Como dice una de las estrofas de un coro muy cantado en muchas iglesias: "Perder los bienes es mucho, perder la vida es más, pero perder el alma es pérdida tal que no se recobra jamás".

En la época de Jesús había conceptos distorsionados acerca de Dios, se veía a Dios como un tirano implacable al cual había que estar continuamente aplacando con ofrendas y servicios para que concediera algunos pocos favores. Los propios escribas y fariseos estaban completamente confundidos en cuanto a la realidad de un Dios de amor que ansiosamente nos busca hasta encontrarnos, y creían que eran ellos quienes andaban desesperados buscando a un Dios difícil de hallar. Temían pronunciar el nombre de

Dios, instruían a la gente con el error de que: "El pecador tenía que arrepentirse antes de que Dios estuviera dispuesto a amarlo o a prestarle atención. El concepto que tenían de Dios era, con demasiada frecuencia, el que Satanás deseaba que tuvieran. Pensaban que Dios concedía su afecto y bendiciones sólo a los que le obedecían y que los negaba a aquellos que no le obedecían. Jesús procuró mostrar la verdadera naturaleza del amor de Dios por medio de la parábola del hijo pródigo" (*Francis D. Nichol y Asociados*, 1978-1990, vol. 5, 796).

Tristemente, como antaño los escribas y fariseos, en el mundo de hoy, todavía quedan personas que no aceptan el arrepentimiento y salvación de quienes han estado perdidos y alejados de Dios, y muchos creen aún, que Dios es un tirano implacable que anda ansioso por todas partes buscando a quien castigar. Es por esa razón que Jesús revela con esta sencilla historia que Dios se goza cuando el pecador se arrepiente y regresa al hogar.

Una funcionaria gubernamental encargada de atender asuntos religiosos en Cuba; en una reunión en la cual participábamos pastores de diferentes confesiones religiosas, y en la que se trataban de resolver múltiples asuntos concernientes a los derechos y deberes de las diferentes instituciones religiosas allí representadas, ella, repentinamente expresó: "Una cosa que nunca comprenderé del cristianismo, y con la que nunca estaré de acuerdo, es que: ¿Cómo alguien que ha sido un delincuente, ha robado, asaltado, y ha vivido como una lacra de la sociedad, de repente, porque visitó la iglesia, y aceptó una fe determinada, va a ser recibido con esa alegría que ustedes lo reciben; y luego lo vemos, hasta de traje y corbata, atendiendo tranquilamente asuntos espirituales cómo si nada malo hubiera sucedido en su pasado?"

Es cierto, ella tiene razón, quienes no son discípulos de Jesús jamás podrán tener idea acerca del amor perdonador de Dios y del gozo indescriptible que este siente cuando algo así ocurre. Pero cada día decenas de familias en todo el mundo son beneficiadas con la conversión y transformación de quienes estaban perdidos, y para gozo de todos, deciden volver a Cristo y cambiar.

Nuestra propia familia puede testificar acerca de lo que significa ser recibido y transformado por Cristo: Hace más de medio siglo un hombre llamado José Moral era conocido en su pueblo natal como un delincuente, borracho, y drogadicto. Aquel hombre, a quien la mayoría conocía por el epíteto de "Pepe Moral", como ya dije al principio, a los 36 años de vida le habían celebrado 32 juicios, y a tal punto llegaba la precaria condición de su vida, que un día, al final de uno de aquellos juicios, después de imponerle una multa que remediara los delitos cometidos, el juez le dijo:

—Atiéndame bien, la próxima vez que usted llegue a este tribunal, lo enviaré con un año de cárcel para La Cabaña.

Pero dicen que el acusado replicó temeroso:

—Perdone . . . señor juez, pero aún tengo dos juicios pendientes.

—Atestiguan quienes conocieron aquel incidente, que el juez se rió, y luego le dijo:

—Bueno, después de esos dos juicios.

Pero, afortunadamente, después de esos dos juicios, el acusado conoció a Jesús y este cambió definitivamente su vida. Luego se casó con una joven cristiana, y tuvieron ocho hijos; de los cuales tres somos pastores, y todos los otros son cristianos y desempeñan diferentes responsabilidades para Jesús. El pasado año él murió en Cristo a la avanzada edad de 92 años y después de 54 años de matrimonio; pero puede decirse que aquella conversión no solo alegró al cielo, sino también a toda su familia. Por esa razón, Jesús presenta una indescriptible escena de gozo cuando el hijo perdido es encontrado.

Pero aún puede significarse un detalle más del indescriptible gozo del padre; y este detalle es la durabilidad de ese gozo. Jesús refiere literalmente: "Comenzaron a regocijarse"; y algunos comentaristas traen a colación la referencia de que, "tal fiesta normalmente duraría varias horas" (*Francis D. Nichol y Asociados*, 1978-1990, vol. 5, 801), como aparentemente era la costumbre en aquellos tiempos. Pero el hecho es que dice textualmente: "Comenzaron a regocijarse", dice que comenzaron, pero no dice realmente que el regocijo y la alegría familiar causada por la vuelta del hijo haya concluído alguna vez; para mí, tal vez extensivamente, también sugiere la idea del gozo eterno que el cielo y todo el universo disfrutan cuando un pecador es arrebatado de la muerte y la perdición del pecado.

Como mismo Jesús había puntualizado al finalizar la primera parábola de este capítulo 15 de Lucas, "Os digo que así habrá más gozo en el cielo por un pecador que se arrepiente"; de ese modo señala claramente que el gozo provocado por la salvación de uno de nosotros, tú o yo, cualquiera que sea, llega a un lugar tan alto y permanente como el reino de Dios.

Jacobo estuvo dispuesto a perdonar a su único hijo, el cual le había robado los ahorros de toda su vida. Y probablemente en todas partes del mundo podamos encontrar padres que han perdonado a sus hijos muchos desaires y rebeliones que causaron incontables dolores y sufrimientos. Pero

Dios no solo está ansioso de perdonar a sus hijos rebeldes, sino que por todas partes llama a los perdidos con "Gemidos indecibles" (Ro. 8:26).

Es completamente cierto, cuando retornas al hogar, Dios tiene actitudes verdaderamente sorprendentes contigo: Siempre está dispuesto a recibirte. Siempre está dispuesto a liberarte. Siempre está dispuesto a sacrificarse por ti. Y siempre está dispuesto a gozarse contigo. Porque Dios siempre está dispuesto a otorgar el pleno perdón y la justificación de todas tus faltas y pecados.

Pero hay algo muy importante que depende de cada uno de nosotros en forma individual, y ese algo es: La aceptación del amor y la misericordia que Dios nos ofrece, la admisión de que somos pecadores y de que sin Cristo estamos perdidos y muertos. Finalmente, la conformidad de que solo él puede salvar sugiere dos preguntas importantes: ¿Estamos dispuestos a correr al encuentro de alguien que inevitablemente nos ama y nos recibe sin tomar en cuenta nuestro pasado? ¿Deseamos volver al hogar del padre, quien nos honra aunque no lo merezcamos, se sacrifica por nosotros aunque lo hayamos abandonado, y se goza eternamente por nuestra salvación? Dios quiera que así sea con cada uno de nosotros.

CAPÍTULO 8

INCONDICIONALMENTE AMADOS

Podemos ser recibidos por un Dios que siempre está dispuesto a recibirnos. Ser honrados por un Dios que siempre está dispuesto a honrarnos. Ser rescatados por alguien que siempre está dispuesto a sacrificarse por nosotros. Y podemos compartir nuestra vida con alguien que está dispuesto a gozarse con nosotros. Pero: ¿Comprendemos realmente la procedencia de tanto amor?

Vivimos en un mundo continuamente plagado de odios, rencores, venganzas, y diferencias. Desde la antigüedad, en su culto a dioses creados por ellos y similares a su propio carácter, los hombres no fueron capaces de crear dioses más justos que ellos mismos. Es por esa razón que los dioses paganos, rivalizaban entre sí, se odiaban entre sí, guerreaban entre sí, castigaban, se ponían de parte de uno o de otro humano, siempre atendiendo mejor al mayor postor; y, hasta eran capaces de traicionar a alguien para ponerse de parte de quienes les ofrecían mayor recompensa por su intervención. Aquellos dioses creados por los hombres a su propia imagen y semejanza revelaban en su comportamiento y acciones las mismas tendencias egoístas de sus creadores. Mientras, contrariamente, la Biblia demuestra que en un principio "el hombre fue creado a imagen y semejanza divina" (Gn. 1:26), y asegura que fue "hecho poco menor que los ángeles" (Sal. 8:5).

A la humanidad le cuesta mucho trabajo aceptar que alguien pueda ser capaz de amar sin ser impulsado por el interés, sin esperar nada a cambio, sin recibir algún beneficio; realmente, el mundo que nos rodea está lleno de ejemplos que nos impiden aceptar que podemos ser: "Incondicionalmente amados".

Así, ante la expectante mirada de sus oyentes, no fue casual que Jesús no concluyera la narración con la celebración provocada por el retorno del hijo perdido, sino que, contra cualquier pronóstico, añade la tensión de una segunda parte dentro de la misma narración. Propone que la historia no termina con el retorno del hijo perdido al hogar paterno, sino que surgen otros aspectos interesantes en el contexto familiar del relato: a pesar de la fiesta y de la alegría surgida por el retorno del hijo perdido, no todos están contentos de que el hijo extraviado haya vuelto a casa. Cuando parecía que la historia terminaba con el inesperado retorno del hijo descarriado, Jesús introduce la problemática de la relación entre los dos hermanos. Y describe las diferencias existentes entre el modo de actuar de los dos hijos; es decir, las profundas discrepancias entre un hermano y otro.

De manera que la segunda parte de la historia comienza narrando una serie de pequeños eventos que a primera vista corren el riesgo de parecer totalmente insignificantes, pero que observándolos detenidamente pueden darnos una imagen realista acerca de los tremendos contrastes existentes entre ambos hermanos. Contrastes que bien puede simbolizar las grandes diferencias existentes entre "publicanos y pecadores" y "escribas y fariseos".

Diferentes relaciones

El primero de estos contrastes está directamente relacionado con el tipo de relación que ambos han escogido. Jesús afirma: "Y su hijo mayor estaba en el campo; y cuando vino, y llegó cerca de la casa, oyó la música y las danzas; y llamando a uno de los criados, le preguntó qué era aquello. Él le dijo: Tu hermano ha venido; y tu padre ha hecho matar el becerro gordo, por haberle recibido bueno y sano" (Lc. 15:25-27). Tal parece que destaca cinco diferencias claves relacionadas con el tipo de relación que ambos sostienen con el padre en ese instante.

Diferentes lugares de procedencia: El mayor procede del campo de servicio, y el menor procede de un lugar apartado de alejamiento y disolución. El mayor representa a escribas y fariseos, quienes continuamente trabajaban con el supuesto objetivo de ganar el beneplácito divino de la salvación. Su religión consistía en un culto fundamentado en las obras; hacer, hacer, y hacer; siempre procurando ganar méritos, midiéndose los unos a los otros, enorgulleciéndose de sus propias acciones y de los supuestos logros que continuamente alcanzaban. Habían eliminado a Dios del centro de sus vidas, para sustituirlo por el valor de sus propias acciones (*Hendriksen*, 1990, 717).

Su culto y su religión se habían convertido en una semblanza de la salvación por méritos practicada por los paganos, quienes, con tal de agradar lo mejor posible a sus deidades paganas, cada vez realizaban sacrificios más y más descabellados, hasta el punto de llegar a ofrecer sacrificios humanos. Por esa razón se ha dicho que "los escribas y fariseos también estaban trabajando intensamente con la esperanza de ganar la herencia que el Padre celestial concede a los hijos fieles; pero servían a Dios no por amor, sino como un deber y para ganar la justicia por sus obras" (*Francis D. Nichol y Asociados*, 1978-1990, vol. 5, 801).

En su afan por producir y acumular méritos, continuamente ignoraban que el profeta Samuel había asegurado "Ciertamente el obedecer es mejor que los sacrificios, y el prestar atención que la grosura de los carneros" (1 S. 15: 22). Por eso, el hijo mayor, representante de escribas y fariseos, estaba listo a demostrar su completa integridad, y a rechazar la decición del padre respecto al hermano. En cambio, el hermano menor venía al padre arrepentido de su mala vida, y de sus funestas decisiones; regresaba de lejanas tierras reconociendo el propio inmerecimiento y dispuesto a aceptar la voluntad de su padre.

Diferentes lugares de ubicación: El mayor está cerca de la casa, y el menor está dentro de la casa. Uno y otro tienen diferentes intereses. Más tarde, en ocasión de una entrevista con uno de los escribas que había venido para probarle, Jesús dijo a los escribas y fariseos: "No estáis lejos del reino de Dios" (Mr. 12:34). Pero obviamente, estar cerca no significa estar dentro; estar cerca y no entrar, tratándose del reino de Dios, significa vivir completamente perdido. Es por ello que esta diferencia dentro del primer contraste pone al descubierto las verdaderas intenciones de ambos hermanos: mientras el menor regresa arrepentido después de despilfarrar una apreciable herencia, pide perdón y entra a la casa a participar de la fiesta; el mayor está afuera negado a incorporarse y alegando disgustos que le justifiquen su actitud.

Diferentes maneras de participación: El mayor oye la música desde fuera de la casa, y el menor disfruta de la música dentro del hogar. El resentimiento, la justicia propia, y el orgullo, le impiden al mayor entrar a disfrutar de las melodías que alegran y llenan de felicidad la residencia familiar. Pero el menor, dejando atrás toda la tristeza que lo embargó durante los aciagos años de separación, se postra, suplica, pide perdón, y habiendo aceptado al padre como su única esperanza salvadora, entra en el hogar paterno donde tranquilamente disfruta de la música producida en gratitud a su decisión de regresar. Ambos han aceptado melodías diferentes, el mayor, la melodía producida por el sabor de su propio yo, y el menor, la que proviene de la satisfacción del padre.

Diferentes confidentes: El mayor corre a uno de los criados, y el menor corre al padre. El hermano mayor percibe que algo no anda bien, así que se dirige inmediatamente a uno de los criados; siente la necesidad de informarse de qué está sucediendo allá dentro de la casa. No procura por el padre que está dentro y puede explicarle amorosamente la realidad, sino que se dirige a un sencillo y desinformado criado. ¿Qué sabe un criado? ¿Qué informe puede ofrecer un criado? Los criados saben solo de las tareas que a ellos le corresponde; el portero sabe de puertas, y muchas veces de una sola puerta, el almacenero conoce de almacén, el barrendero de escobas y útiles de limpieza, y así cada cual de lo suyo. Pero el señor de la casa sabe todo; ¿qué insinuó Jesús al observar que el hijo mayor en vez de dirigirse al padre se dirige a un criado?

En tanto el hermano menor, rodeado de cerdos, reflexiona: "Me levantaré e iré a mi padre". Tal vez la historia no habría tenido el mismo final si el hermano menor hubiera dicho: "Me levantaré y averiguaré con un criado cómo anda la situación por casa". Es evidente que mucha gente prefiere una relación con criados antes que con el padre; por esa razón existe tanta gente confundida y perdida, incluso, dentro de las iglesias. Ese era uno de los principales problemas de los escribas y fariseos, habían dado la espalda a Dios para obedecer mandamientos y disposiciones humanas.

Diferentes informes: Y la quinta diferencia que define el tipo de relación que ambos eligieron con el padre, está en la procedencia y contenido de los informes que ambos están dispuestos a recibir. El mayor recibe información que sale de un criado, y el menor escucha lo que le dice el padre. El informe del criado al mayor es preciso: "Tu hermano ha venido;

y tu padre ha hecho matar el becerro gordo, por haberle recibido bueno y sano". Este informe que tanto incomoda al hijo mayor, tal vez hubiera sido dado de otro modo si hubiese procedido del padre. Esa mención del criado al hermano mayor acerca del tipo de becerro sacrificado por el padre a causa de alguien que no lo merecía es precisamente la que provoca el mayor disgusto. Porque el hermano mayor probablemente pensaba que ese becerro, y todo lo que había en la hacienda era suyo, y nada se debía tomar sin su consentimiento (*Francis D. Nichol y Asociados*, 1978-1990, vol. 5, 801).

Así, el mayor recibe del criado un informe que lo lanza hacia la infelicidad y la rebelión; y el menor recibe del padre el informe del perdón y la justificación, más bien un sedante que le devuelve la paz y felicidad perdidas.

Diferentes decisiones

El segundo contraste está en el tipo de decisión que ambos toman, Jesús lo define en pocas palabras: "Entonces se enojó, y no quería entrar, salió por tanto su padre, y le rogaba que entrase" (Lc. 15:28).

Este corto versículo indica cuatro diferencias claves dentro de este segundo contraste entre el hermano mayor y el menor. Cuyas diferencias ponen de manifiesto las verdaderas intenciones de ambos hijos ante un padre que evidentemente no tiene preferencias especiales con ninguno de los dos. El cuidadoso relato de Jesús muestra con claridad cómo el padre no distingue más a uno que al otro: primero había corrido al encuentro de su hijo perdido para recibirlo, abrazarlo, perdonarlo, e introducirlo nuevamente en su casa; ahora, sale nuevamente de su casa, pero esta vez lo hace para abrazar a su otro hijo, alguien que siempre ha estado ahí, que nunca se fue, pero que evidentemente está lleno de resentimiento, egoísmo, orgullo, y hasta de odio. Pero, al encontrarse con ese padre amante que sale a su encuentro en las diferentes circunstancias producidas, ambos hermanos deciden tratarlo de modo diferente:

Diferentes características emocionales: El mayor enojado, y el menor humillado. El apóstol Pablo muy oportunamente señala: "que ninguno tenga más alto concepto de sí que el que debe tener, sino que piense de sí con cordura" (Ro. 12:3).

Era la noche del 14 de febrero, el día del amor y la amistad; habíamos preparado un lugar especial para cada pareja. Los fotógrafos estaban en sus puestos. Y un pequeño brindis esperaba para después de la ceremonia. Habíamos preparado minuciosamente un acto de renovación de votos matrimoniales. Cada pareja comprometida desfilaría por el pasillo central de la iglesia hasta ocupar un lugar privilegiado en la parte delantera del templo, desde donde cada cual, en presencia de toda la iglesia, se comprometería a continuar amando y queriendo para siempre a su pareja.

Pero un imprevisto incidente opacó el brillo de la ceremonia por unos instantes: En el justo momento que nos disponíamos a iniciar el desfile, se incorpora a la fila un matrimonio que de muchas maneras parecía medio desequilibrado, y además, andaban pobremente vestidos; entonces, una de las parejas más destacadas de la iglesia, repentinamente da un giro, se sale de la fila hacia afuera, y amenaza con abandonar no solo la ceremonia, sino incluso el templo.

—¿Qué les ocurre hermanos?—les pregunto.

—Si esa pareja participa, nosotros nos retiramos—alegan.

El momento era crucial, ya no había tiempo para largas y convincentes conversaciones, ni para demostrar teológicamente algunas verdades bíblicas, pero recuerdo que les dije:

—¡Por favor . . . ! Si ustedes toman esa decisión, voy a creer que están peores que ellos.

Gracias a Dios, inmediatamente ambos se incorporaron y participaron de la ceremonia, y más tarde aseguraron que había sido una gran bendición para todos.

Cometemos un grave error cuando comenzamos a compararnos los unos con los otros, cuando empezamos a medirnos unos a otros y llegamos a decidir que alguien debe o no debe entrar en el reino de Dios. Por esa razón, como pastor, cada vez que explico algunas verdades bíblicas, siempre aclaro: "Lo que ahora vamos a estudiar tiene que ver con verdad y error, está relacionado con interpretación correcta o incorrecta, con el modo como alguno ve estas verdades, pero no con salvación; porque la salvación es un don que solo pertenece a Dios, y él lo da a quien quiere, como quiere, y cuando quiere". Como lo aseguró Pablo a los efesios: "Porque por gracia sois salvos por medio de la fe; y esto no de vosotros, pues es don de Dios" (Ef. 2:8).

Sin embargo, aquí aparece uno que piensa que ha sido recibido uno que no debía ser aceptado; pero salta a la vista que ese beneficiado era precisamente el hermano de quien se oponía tan visceralmente a la admisión del arrepentido. Los escribas y fariseos pensaban que ellos eran los únicos que realmente estaban listos para entrar en el reino, pero lo peor era que no percibían que sucedía todo lo contrario: porque precisamente, su actitud los incapacitaba para entrar en el reino de Dios.

Pero el menor se había presentado al padre completamente humillado y sin alegar mérito alguno.

Diferente modo de aceptar la invitación: El mayor se niega a entrar, y el menor, satisfecho y gozoso, acepta la invitación. Contrastan grandemente ambas decisiones, el supuestamente malo, pervertido, corrompido, y alejado hermano menor, se arrepiente, regresa, y entra a gozarse con su padre. En tanto, el que a simple vista parecía mejor, ahora se niega a entrar, y la presencia del padre hasta le molesta. Parece que un elemento importante está tratando de imponerse en el camino a la salvación del hermano mayor: El orgullo.

Elena G. de White ha escrito: "El orgullo no siente necesidad y cierra la puerta del corazón para recibir a Cristo y las bendiciones infinitas que él vino a dar. Jesús no encuentra albergue en el corazón de tal persona" (*El discurso maestro de Jesucristo*, 1981, 13).

Jesús quería advertir a los escribas y fariseos contra el orgullo; advertencia que llega aún hoy a toda alma que desea reconciliarse con su padre celestial. Dentro de nuestras aspiraciones de salvación, es apropiado el siguiente comentario sobre el papel que puede jugar la eliminación del orgullo: "Él les muestra que todo egoísmo, todo orgullo, toda auto exaltación, todo prejuicio e incredulidad que conduzca a la resistencia a la verdad y aleje de la verdadera luz, son peligrosos, y a menos que medie arrepentimiento, quienes acaricien estas cosas serán dejados en la oscuridad así como lo fue la nación judía" (*Dios nos cuida*, 1981, 330).

La advertencia de Jesús a escribas y fariseos no fue en vano, porque sí hubo algunos de esos hermanos mayores que pudieron vencer el orgullo y entrar junto al hermano menor en la casa del padre. Nicodemo y Simón son ejemplos de ese tipo de transformación: de Nicodemo se ha escrito: "Pero por virtud de su nacimiento como israelita, se consideraba seguro de tener un lugar en el reino de Dios. Le parecía que no necesitaba cambio alguno. Por esto le sorprendieron las palabras del Salvador. Le irritaba su íntima aplicación a sí mismo. El orgullo del fariseo contendía contra el sincero deseo del que buscaba la verdad" (*El Deseado de Todas las Gentes*, 140-142). Y de Simón se afirma: "Su orgullo fue humillado, se arrepintió, y el orgulloso fariseo llegó a ser un humilde y abnegado discípulo" (*El Deseado de Todas las Gentes*, 519-521). Y no fueron los únicos, sino que ambos son un ejemplo de que Dios los amaba a ellos también y de que el esfuerzo de Jesús no fue en vano.

Con las súplicas y ruegos del padre, Jesús deseaba ilustrar todo cuanto el cielo hacía por convencerlos de sus errores, y de la mala interpretación que tenían del correcto sentido de la religión y de la fe. Y esa misma insistencia la tiene hoy en día con cada uno de nosotros.

Diferentes conceptos sobre reconciliación: El Mayor rechaza al padre que sale a su encuentro, e impugna la reconciliación, y el menor se abraza al padre que sale a recibirlo, y acepta reconciliarse. El mayor quería una reconciliación basada en el reconocimiento de sus propios méritos; y el menor se reconcilia en base a una reconciliación basada en el amor, la misericordia, y el carácter perdonador del padre. No importa cuáles sean los motivos, rechazar a Dios es un pecado mortal. Jesús mismo advirtió a quienes estaban incurriendo en este pecado: "El que me rechaza, y no recibe mis palabras, tiene quien le juzgue; la palabra que he hablado, ella le juzgará en el día postrero" (Jn. 12:48). De acuerdo a estas palabras, ninguno tiene excusa alguna para rechazar la entrada al reino de Dios, y toda decisión de ese tipo está enraizada en el orgullo y el amor propio.

Por lo tanto, el contraste es evidente: mientras el mayor rechaza al padre, el menor ya lo había abrazado y se había postrado a sus pies reconociendo su indignidad y suplicando un perdón y una reconciliación totalmente inmerecida.

Diferentes decisiones ante la invitación del padre: El mayor se niega a entrar, y el menor acepta voluntariamente la invitación. La disposición de uno y de otros es diametralmente opuesta. Algunos estudiosos, al investigar el texto original, llegan a la asombrosa conclusión: "El griego, como el castellano, indica que su actitud negativa se prolongó. A pesar de los ruegos de su padre, seguía disgustado con éste y con su hermano" (*Francis D. Nichol y Asociados*, 1978-1990, vol. 5, 801). Con razón se ha dicho: "El pecado ciega a los culpables", "no quería entrar". Por eso algunos comentan: "Así se enojaban los escribas y los fariseos con Jesús. El enojo del hijo mayor establece un agudo contraste con el inmenso gozo del padre" (*Ibid.*). Es evidente que la decisión de ellos los ponía lejos de sus aspiraciones de entrar en el reino de Dios, y que la decisión de cada ser humano tendrá mucho que ver con lo que finalmente suceda con cada individuo.

"Entonces se enojó, y no quería entrar, salió por tanto su padre, y le rogaba que entrase". En el importante aspecto de la decisión, el versículo señala los cuatro puntos esenciales que los distinguen, ambos se habían diferenciado tomando cuatro decisiones distintas: En el carácter: uno se enoja y el otro no. En la aceptación: uno se niega a entrar y el otro entra. En la reconciliación: uno se niega a reconciliarse y el otro acepta la reconciliación. Y, en la disposición: uno se niega a entrar mientras el otro ya está dentro. Realmente, estos parecen ser cuatro puntos básicos que ayudan a decidir correctamente lo que hemos de hacer cuando el padre sale a recibirnos.

Diferentes motivaciones

El tercer contraste está en la relación de ambos hermanos con su padre, es en lo concerniente a un elemento tan importante como la motivación: "Más él, respondiendo, dijo al padre: He aquí, tantos años te sirvo, no habiéndote desobedecido jamás, y nunca me has dado ni un cabrito para gozarme con mis amigos. Pero cuando vino este tu hijo, que ha consumido tus bienes con rameras, has hecho matar para él el becerro gordo" (Lc. 15:29-30).

La motivación es uno de los elementos esenciales para tomar decisiones correctas en la vida; porque cada individuo tiene sus propias motivaciones para tomar las providencias que toma en su diario actuar. Y de acuerdo al relato Jesús expone, que ambos hermanos están motivados por aspiraciones diferentes: el mayor está fuertemente motivado por el desarrollo de una mentalidad perfeccionista basada en el servicio y la obediencia, mientras que el menor recibe su motivación de la convicción del arrepentimiento propio y la fe en el amor y perdón del padre. Razón por la cual el apóstol Pablo asegura que al verdadero cristiano "el amor de Cristo es quien lo constriñe a amar al Padre" (2 Co. 5:14). De manera que si analizamos bien el asunto de las motivaciones en ambos hermanos, en primer lugar nos percatamos de que, al menos, existen entre ellos cuatro motivaciones diferentes:

Diferentes motivos de inspiración: El mayor está inspirado en el servicio y la obediencia, y el menor en la confesión y la justificación. El mismo hermano mayor dice "he aquí, tantos años te sirvo, no habiéndote desobedecido jamás". Había llevado una vida entera de servicio, pero no era feliz, se sentía explotado, desatendido, y sentía que no había sido recompensado correctamente. Y como si eso no fuera suficiente se había esmerado en la obediencia. Él mismo explica el contraste que provoca su disgusto: "Este tu hijo, que ha consumido tus bienes con rameras". ¿No te das cuenta que tu hijo menor ha llevado una vida improductiva y de abierta rebelión y desobediencia, mientras que yo he vivido para trabajar y para obedecerte? El hermano mayor no entiende, porque el legalista es incapaz de comprender que el amor es el fundamento del gobierno de Dios y no las obras. Su disgusto es tan enorme que es incapaz de reconocer a su hermano y de un modo burlesco lo llama "tu hijo", como si no fuera nada suyo (*Hendriksen*, 1990, 717).

Jesús sabía que los dos grandes baluartes de los escribas y fariseos eran servicio y obediencia. Se pasaban todo el tiempo compitiendo y tratando de superarse los unos a los otros en estos dos aspectos, porque pensaban que en eso radicaba el secreto de la salvación. Pero estaban tan ocupados en trabajar y obedecer que no podían sentir que disfrutaban una relación con el padre. Los seguidores de estos maestros del legalismo se sentían agotados, extenuados, exhaustos, y tan cargados, que la religión había dejado de ser un placer para ellos y todo lo habían convertido en "cargas pesadas y difíciles de llevar", puestas "sobre los hombros de los demás", y las cuales ellos "ni aun con un dedo las quieren mover" (Mt. 23:4).

Atinadamente se ha dicho: "El problema era que el hermano mayor actuaba como siervo y no como hijo". Y por otra parte, con su actitud "afirmaba que la propiedad de su padre le correspondía por derecho propio, pues la había ganado; y estaba enojado con su padre por no reconocer lo que consideraba como derecho suyo por ser el hijo mayor". Y finalmente "observaba rigurosamente todos los requisitos externos que como hijo le correspondía obedecer, pero no comprendía en nada el verdadero espíritu de la obediencia. Su servicio no era más que el cumplimiento servil de las formas externas de la piedad filial" (*Francis D. Nichol y Asociados*, 1978-1990, vol. 5, 802).

Es decir, aquello mismo que para él constituía la máxima inspiración de su vida, al mismo tiempo lo agobiaba tanto que le era imposible disfrutar de la compañía amante de un padre cuyo principal baluarte es el amor. Escribas y fariseos no podían comprender que servicio y obediencia sin amor son hipocrecía.

En tanto, el menor regresa y no se autoalaba acerca de su obras, no tiene nada de que gloriarse, y en vez de exaltarse de sus obras realizadas, está avergonzado por su comportamiento pasado. Por lo tanto, regresa inspirado en un solo baluarte: El amor del padre. Cuando llega, él solo tiene que reconocer su enorme falta, confesar su pecado, y atenerse al amor y la misericordia del padre. Su única inspiración consistía en el arrepentimiento propio y la confianza en el amor y la misericordia del padre; los cuales, producirían en él la justificación de todas sus faltas; la única manera posible de ser aceptado dentro del hogar del padre. Lo cual concuerda perfectamente con lo que Pablo explica más tarde: "Nos salvó, no por obras de justicia que nosotros hubiéramos hecho, sino por su misericordia, por el lavamiento de la regeneración y por la renovación en el Espíritu Santo" (Tit. 3:5).

Mientras el mayor expone sus propios méritos, el menor presenta su culpabilidad personal y su arrepentimiento. Y esto último es lo que verdaderamente cuenta delante de Dios.

Diferentes aspiraciones: El mayor aspira a ser recompensado y el menor declara que no merece nada. Continuamente vivimos en un mundo lleno de reconocimientos y menciones de méritos personales. Mucha gente realiza grandes acciones para ser reconocidos, admirados, y recompensados; pero Jesús había dicho que quienes actúan así "ya recibieron su recompensa" (Mt. 6:1-6). El apóstol Pablo continuamente advierte acerca de este inútil comportamiento, y en pocas palabras señala el verdadero sentido del servicio: "No para agradar a los hombres, sino a Dios, que prueba nuestro corazón" (1 Ts. 2:4).

Pero Jesús sugiere que el hermano mayor deseaba ser recompensado, porque al mismo tiempo que acusa a su hermano menor de dilapidador y fiestero, le echa en cara al padre que nunca ha podido gozarse con amigos: "Y nunca me has dado ni un cabrito para gozarme con mis amigos". Lastimeramente, quien había vivido siempre al lado del padre, ahora revelaba una conciencia llena de celos, envidias, infelicidad, y egoísmo. Y lo que es peor, mientras criticaba la pasada vida disoluta de su hermano, también revelaba cierta envidia por no haber disfrutado con esos mismos amigos que tanto le criticaba a su hermano; Jesús muestra que en el fondo, escribas y fariseos se sentían infelices en la permanente compañía del padre, y que también deseaban, como aquellos a quienes llamaban pecadores, distraerse con amigos (*Francis D. Nichol y Asociados*, 1978-1990, vol. 5, 802).

Sin embargo, mientras que el mayor reclama derechos que según él se le deben, el menor ya había declarado: "no merezco nada". Un profesor en cierta ocasión, en una clase de mayordomía, nos decía: "La ley de los justos merecimientos es la ley del pecado".

Diferente concepción familiar: El mayor aborrece a su hermano y lo acusa: "este tu hijo, que ha consumido tus bienes con remeras"; en cambio, el menor regresa al hogar y se conforma con ser un simple siervo: "hazme como a un jornalero". Con ese sarcasmo, el mayor está diciendo claramente que quien ha llegado no es su hermano, que no lo aprecia, que no lo quiere, que no tiene nada que ver con él. Esa es una actitud muy antigua, tan antigua que Caín también fue víctima de ella cuando preguntó a Dios: "¿Soy yo acaso guarda de mi hermano?" (Gn. 4:9). En su egoísmo, tanto escribas como fariseos, excluían a todos los demás de las posibilidades del reino, y se consideraban a sí mismos como únicos herederos de la salvación. El exclusivismo es un peligro que aún ronda cualquier congregación. Siempre puede haber quien se esfuerce por determinar quiénes se salvan o se pierden, y cuántos son verdaderos o falsos cristianos.

Hace poco escuché la noticia de que se ha inventado una máquina capaz de detectar en un campo de futbol una partícula de explosivo del tamaño de la cabeza de un alfiler. Pero, a pesar de los indiscutibles avances científico-técnicos, y de los tremendos descubrimientos y adelantos científicos, y de la invención de tantos equipos que son capaces de medir casi cualquier cosa, a menudo doy gracias a Dios porque aún nadie ha podido inventar el "Santímetro".

Qué sucedería si en cada iglesia hubiera un equipo capaz de medir los grados de santidad de cada seguidor de Jesús; el espíritu de competencia, y la rivalidad convertirían el cristianismo en una organización totalmente insoportable, y por todas partes habría más perdidos que salvados. Cierta vez escuché a un profesor de Biblia asegurar: "El perfeccionismo es una aberración satánica del evangelio, porque hace que las personas quiten su vista de Cristo para mirarse a sí mismos".

Sin embargo, los escribas y fariseos habían logrado confundir de tal manera a la gente, que hasta los discípulos llegaron a verlos como los símbolos vivientes de la salvación. Por ello, quedaron asombrados cuando Jesús afirmó: "Porque os digo que si vuestra justicia no fuere mayor que la de los escribas y fariseos, no entraréis en el reino de los cielos" (Mt. 5:20). Entonces, pensaban, ¿quién podrá ser mejor que estos esforzados religiosos? Pero Jesús, de un solo golpe había echado abajo todas aquellas pretensiones y errados conceptos acerca de la salvación.

Diferente concepto acerca del carácter del padre: El mayor acusa al padre de injusto, y el menor confía en la justicia del padre. "Pero cuando vino este tu hijo, que ha consumido tus vienes con rameras, has hecho matar el becerro gordo" (Lc. 15:30). El versículo 30 es muy amplio, porque el hermano mayor no solo refleja un concepto pésimo acerca de su hermano, y de la propia familia, sino que a la vez se convierte en un acusador directo del padre: "Has hecho matar el becerro gordo". En sus impertinentes reclamaciones él exterioriza su intención intrínsecamente egoísta y condenatoria, muestra celos incontrolados con el trato que se le ha dado a su hermano, acusa al padre de privilegiar al hermano, hace una comparación sarcástica: "No me diste un simple cabrito, pero a él le diste el becerro gordo"; queja que contiene en sí misma la insinuación de que si el padre había repartido los bienes, ese becerro no le pertenecía, y por lo tanto, no debió sacrificarlo sin contar con él (*Francis D. Nichol y Asociados*, 1978-1990, vol. 5, 802).

Parece increíble que alguien que dice tener a Dios en su corazón pueda contener en su interior tanta maldad, y tantas inconformidades: envidia, celos, duda, y condena. Una enorme raíz de amargura llenaba completamente el corazón de estos tristes aspirantes al reino de los cielos; un mal que hoy continúa existiendo como en aquellos días.

Las raíces de amargura a veces son tan imperceptibles que apenas se pueden notar. Hace años nos costó descubrir porqué el agua de nuestra casa se había vuelto tan amarga que apenas se podía beber. El tanque era relativamente nuevo, estaba suspendido en un lugar seguro y lo habíamos sellado ajustadamente con una tapa nueva, solo que algunas enredaderas silvestres lo habían cubierto casi por completo. Pero, un día decidimos eliminar todas las plantas que habían invadido los alrededores del depósito elevado, y además, drenamos hacia el vertedero toda el agua que el recipiente contenía dentro y limpiamos bien cada una de las tuberías. Luego volvimos a bomberar agua nueva hacia el descombrado depósito.

Para sorpresa de todos, nada mejoró la situación. Pero, pocos días después, cuando ya pensábamos que el pozo se había echado a perder, una pequeña hoja verde brotó entre el tanque y su aparentemente hermetizada tapa. Subimos, y levantamos la tapa, y entonces apareció lo verdaderamente sorpresivo: una de las enredaderas se había entretegido a duras penas entre el tanque y la tapa y había enraizado dentro del recipiente; la cual se había convertido en una planta independiente que vivía allí dentro del agua, por lo que una cola grande como una enorme cabellera de finísimas raices blancas invadía y se expandía interiormente hacia todas direcciones por todo aquel depósito.

Sin lugar a dudas, así mismo actúan las raíces de amargura, se van entretegiendo en nuestras vidas y se convierten en parte de nosotros mismos. Luego, llega el momento en que son casi imposibles de detectar. Por esa razón el hermano mayor estaba amargado y no se daba cuenta de su miserable situación. En cambio, el hermano menor viene humillado y sumiso y exclama: "Padre, he pecado contra el cielo y contra ti. Y ya no soy digno de ser llamado tu hijo; hazme como a uno de tus jornaleros" (Lc. 15:18-19).

Es posible que después de su enorme pecado con Betsabé, David enunciara la más efectiva declaración poética que jamás se haya pronunciado acerca de la incuestionable necesidad que tiene el pecador de alcanzar delante de Dios un espíritu humilde: "Al corazón contrito y humillado no despreciarás tú, oh Dios" (Sal. 51:17). Y Santiago recuerda al respecto: "Dios resiste a los soberbios, y da gracia a los humildes" (Stg. 4:6).

Diferentes percepciones del padre

El cuarto y último contraste acerca de ambos hijos está en la percepción que el padre tiene de sus dos hijos, y en la apreciación que hace de cada uno de ellos. Como es lógico en toda historia, al final siempre habrá un desenlace, un veredicto que esclarezca quien tiene la razón, y en este caso es el padre quien da ese veredicto; de un modo justo y puntual, en apenas dos versículos él hace una radiografía escrita de ambos hijos: "Él entonces le dijo: Hijo, tú siempre estás conmigo, y todas mis cosas son tuyas. Mas era necesario hacer fiesta y regocijarnos, porque este tu hermano era muerto, y ha revivido; se había perdido, y es hallado" (Lc. 15:31-32). En unas pocas palabras el padre resume ambas posiciones y expone claramente las diferencias entre el hijo mayor y el menor, entre el hermano mayor y el hermano menor.

Diferente comprensión de ambos hijos: Al mayor le llama "hijo" y al menor lo llama "tu hermano". Cuando se dirige al hermano mayor, quien fuera de la casa pugna disgustado por no entrar, lo llama "hijo". Es sorprendente el modo amable como el padre sale de la casa a encontrarse con el disgustado hijo mayor y cariñosamente lo llama "hijo"; pero no es casual que usa la palabra griega "téknon" que se traduce como "hijo", pero que también puede significar "niño". Por eso se comenta "El padre no emplea aquí la palabra "huiós", "hijo", sino que se dirige al hijo mayor con este término más afectuoso, téknon. Es como si le hubiera dicho: mi querido muchacho" (*Francis D. Nichol y Asociados*, 1978-1990, vol. 5, 802). Porque la palabra "huiós" tiene una amplia gama de significados, desde descendiente hasta ser usado incluso como título, como se usa en decenas de veces al referirse a la persona de Cristo (Siegfried H. Horn 1995, 546). Por lo tanto lo llama "téknon", o sea, del modo más familiar y cariñoso posible.

Sirve de aliento saber que así ve Dios a cada uno de sus hijos; nos ve como niños, como sus criaturas que necesitan amor y cariño. Es por eso, que a pesar del mal comportamiento de su hijo mayor, lo llama "téknon", "mi querido muchacho". Es obvio que Dios amaba igualmente a los escribas y fariseos, y que ahora Jesús estaba haciendo lo imposible por hacerles comprender el verdadero amor de Dios por ellos. Es por eso que le suplica, querido muchacho, muchacho adolescente, inmaduro, hace falta que dejes definitivamente las muchachadas y comprendas la realidad sobre este asunto tan importante. Deja el rencor, los celos infantiles, los juicios inútiles y desenfocados, y acepta a tu hermano que acaba de llegar, comprende de una vez y por todas que Dios no es obediencia y servicio, sino que "Dios es amor" (1 Jn. 4:8). Acepta que la obediencia y el servicio deben ser el resultado del amor, y no el objetivo de la carrera cristiana. Comprende que vale más la salvación de un alma que la obtención de todos los bienes materiales del mundo.

Sin embargo, cuando se refiere al menor lo llama "tu hermano". Su hijo mayor, experimentado, cumplidor, y trabajador, debía comprender que ese hijo despilfarrador y fracasado que regresaba a casa no era otro sino su hermano. Y específicamente eso también es lo que Dios quiere hoy, que todos aprendamos a tratarnos como hermanos, que todos nos amemos y nos aceptemos como realmente somos. Y que dejemos al padre todo lo que en alguien deba ser enmendado y corregido, nadie mejor que él para hacerlo, porque él es amor. Cuando en la iglesia saludo a la congregación, hace muchos años que no uso la estereotipada frase "hermanos y visitas"; sino que siempre digo: "hermanos bautizados y no bautizados"; y es increíble como esto ha atraído personas que luego se han entregado humildemente a Jesús.

Jamás olvidaré algo que ocurrió una vez en una clase, el profesor dijo: "Ninguno tiene el derecho de herir al prójimo, insultar al prójimo, y juzgar al prójimo". Entonces, un alumno, levantando su mano, dijo: "Profesor, y ¿por qué Jesús les dijo "generación de víboras", no podemos hacer lo mismo?". Sin pensarlo mucho el profesor le respondió: "Si al otro día vas a morir por esas personas, claro que tú también puedes decirle generación de víboras". Un profundo silencio cundió por toda el aula, y todos pudimos reflexionar un poco más acerca del amor al prójimo.

Diferente visión de la realidad: Tú siempre estás conmigo, pero él se había perdido y estaba muerto, y ha sido hallado y ha revivido. Es obvio que el hermano mayor no se había marchado jamás del hogar paterno, aparentemente siempre había estado junto a su padre, nunca se había ido, ni había participado de las inmoralidades corruptas de la vida; sin embargo, su preocupación por el servicio y la obediencia, esos dos grandes baluartes del servicio a Dios, lo había llevado a olvidar la relación con el padre, y ahora se sentía solo, y totalmente abandonado a su propia suerte. Había obedecido y trabajado como ningún otro, pero precisamente, esas mismas luchas habían amargado su vida de tal manera, que ahora aborrecía a su hermano y se enfrentaba directamente con su propio padre.

La parábola de "La moneda perdida", lo había ejemplificado de un modo muy claro: Como cualquier moneda que se pierde, estaban en una situación tal de ceguera espiritual, que ni siquiera tenían la capacidad de percibir su triste condición de extravío. Pero lo peor no era el hecho de ignorar su propia condición espiritual, sino que, como la moneda del relato, se encontraban perdidos dentro de la casa, o sea, dentro de la iglesia, y no eran capaces de darse cuenta. Así mismo, son muchos los que en cualquier época inconscientemente se han perdido dentro de la iglesia.

Vale la pena recordar la parábola de "Las diez vírgenes". Comúnmente, la mayoría de los predicadores enfatizan que cinco vírgenes no tenían aceite y que cinco sí lo tenían. Que cinco se durmieron y que cinco no se durmieron; razón por la que hacen de la negligencia y la falta de aceite la causa de que se hayan quedado fuera de la boda.

Pero, pienso que en la parábola hay otras lecciones más poderosas aún: En aquella época, como en cualquier otra, la novia solamente invitaba como dama de compañía a sus mejores y más confiables amigas; por esa razón estaban allí las diez vírgenes aquella noche de la boda, porque eran las mejores amigas de la novia. Pero inesperadamente ocurre algo insólito: el novio se tarda, las diez mejores amigas de la novia se duermen, y además cinco de ellas se quedan desprovistas de aceite y no hallando otra solución posible, salen a la calle a comprarlo, pero mientras ellas intentan comprar aceite a una hora en que ya nadie lo vende, viene el novio, entra, cierra la puerta, y ellas se quedan fuera.

Entonces ocurre el desenlace final, lo que algunos creen que es el verdadero objetivo de la parábola: las cinco jóvenes, chasqueadas, regresan a casa de la novia y encuentran que el novio ha venido y ha cerrado la puerta. Es ahí donde verdaderamente está la indiscutible lección de la parábola, en lo que ocurre después que la puerta se cierra: imploran, ruegan, suplican, dicen sus nombres, y explican quiénes son, pero por más que aquellas cinco muchachas, amigas íntimas de la novia, intentan que se les reconozca, el esposo, que ha llegado ya, y ahora es quien dice la última palabra, no las conoce, nunca las ha visto, y ni siquiera sabe quiénes son.

Precisamente, el Dr. Roberto Badenas ha hecho un pequeño y puntual comentario, el cual llama poderosamente la atención sobre este significativo hecho: "Del interior llega, con el resplandor de la fiesta, un rumor de música, y una voz pesarosa de alguien, que dice desde el otro lado de la puerta:—Lo siento, pero no os conozco—. Y era verdad, esas chicas nunca llegaron a relacionarse con la persona que decían esperar. Ni fueron capaces de honrarla en el tiempo debido. En un momento de euforia, pretendieron formar parte de los portadores de luz, pero en realidad, pertenecían a las tinieblas, y allí quedaron. Y la parábola termina repitiendo: "Velad pues, porque no sabéis el día ni la hora en que el Hijo del Hombre ha de venir" (Mt. 25:13)" (*Badenas*, 2004, pág. 202).

Es decir, todo parece indicar que el mayor problema de las cinco vírgenes fatuas, insenzatas, o como se las quiera llamar, por encima de la necesidad de aceite, estaba en su desconocimiento del novio. ¿Cómo es posible que en todo el tiempo que se relacionaron con la novia ni siquiera se interesaran por conocer al novio? La novia representa a la iglesia, y el novio a Cristo; y son muchos los que, atareados con la atención a las necesidades y exigencias de la novia, no se preocupan por una correcta relación con el novio. Es por eso que cuando Cristo venga, tristemente algunos escucharán el triste veredicto: "Nunca os conocí; apartaos de mí, hacedores de maldad" (Mt. 7:23).

El hermano mayor siempre había estado en casa, ocupado en cualquier cosa que a el le pareciera importante, pero su relación con el padre era una relación fracasada. En cambio, el hermano menor se había ido, había desperdiciado su herencia, y había caído en el peor de todos los fracasos; pero habiendo considerado su triste situación, retorna al padre arrepentido, confieza su culpabilidad, e incluso, reconoce que no merece nada, y es inmediatamente perdonado y reintegrado al núcleo familiar. Por esa razón el padre ve los dos casos por separado: ama al que siempre había estado alli obedeciendo y sirviendo, y ama al que había estado muerto y había revivido. La visión del padre siempre será amar a cada cual dentro de su verdadera perspectiva, posibilidades, y necesidades personales. Y lo hace porque: "Él es amor" (1 Jn. 4:8).

Diferentes beneficios: Tú has tenido todo lo tuyo y has perdido todo lo mío y él ha perdido todo lo suyo y ha obtenido todo lo mío. Pero cuando finalmente el padre habla de los beneficios y perjuicios obtenidos por cada uno de los hermanos, no le queda más remedio que traer a la memoria lo sucedido aquel día cuando comenzó esta historia: "También dijo: Un padre tenía dos hijos; y el menor de ellos dijo a su padre: Padre, dame la parte de los bienes que me corresponde, y les repartió los bienes" (Lc. 15:12-13). Es curioso que la mayor parte de los lectores pasan por alto el hecho de que la parábola es clara cuando dice: "Y les repartió los bienes". Existen personas que argumentan: "Pero el padre no fue justo del todo, porque le da la herencia a uno de los hijos, y al otro deja trabajando y luego recibe al que desperdició su parte".

Incluso, muchos ignoran o descuidadamente pasan por alto, que probablemente el que se quedó en casa había recibido el doble de la herencia del que se fue lejos a despilfarrar su parte, porque según la ley de Moisés, el hijo mayor debía recibir doble cantidad de los bienes paternos, mientras que cada uno de los hijos menores recibía sólo una cantidad (Dt. 21:17). Razón por la que justificadamente muchos afirman: "La cantidad adicional que recibía el hijo mayor tenía por objeto proporcionarle los recursos necesarios para que pudiera desempeñar sus responsabilidades como jefe de familia. Si un padre tenía sólo dos hijos, como ocurrió en este caso, el hijo menor debía recibir una tercera parte de los bienes del padre" (*Francis D. Nichol y Asociados*, 1978-1990, vol. 5, 798). Explicación que demuestra que el hermano mayor, en el aspecto material, era por lo menos, doblemente más rico que el menor; y si se tiene en cuenta que ya el menor no tenía nada, pensemos en su gran ceguera, cuando afirma: "Nunca me has dado ni un cabrito para gozarme con mis amigos" (Lc. 15:29).

La evidencia sugiere que materialmente lo había tenido todo y ni siquiera había percibido y mucho menos disfrutado tales bendiciones; y además, por esa misma causa también había perdido todo espiritualmente. Deducción que trasmite una gran verdad: El hermano mayor, tan ocupado en las cosas terrenales y en el ejercicio de sus propias acciones y procedimientos, los cuales consideraba más importantes que todo lo demás, ni siquiera se había dado cuenta de que era inmensamente rico; por esa causa se había aislado en su propia concepción de la obediencia y el servicio, y además había perdido las grandes y eternas riquezas que podían surgir como consecuencia de haber disfrutado la compañía de su amoroso padre. Porque enfrascado en el ejercicio de las obras había perdido de vista la fe, y ya no confiaba en aquel padre para el cual supuestamente había trabajado toda su vida.

Por esa razón, ahora estaba celoso por la llegada de su hermano, y confrontaba duramente a su padre, y hasta se atrevía a asegurar: "Has sido injusto conmigo, nunca me has dado nada, y no solo que jamás me has obsequiado un becerro gordo, sino que ni siquiera un pequeño cabrito he obtenido de tus manos".

Cuando se analiza este hecho narrado por Jesús, se puede recordar perfectamente a tantos hijos de Dios, quienes, después de llevar años, y a veces hasta toda una vida en la iglesia, se quejan de que nunca han sido felices, y de que jamás han recibido nada. Pedro había sido un joven abandonado desde niño por su familia, y especialmente por su padre. Muy temprano en su adolescencia se fue de la casa y comenzó a juntarse con jóvenes que llevaban una vida delictiva y de violencia continua; mal vestido, sin dinero, sin familia, y sin amigos, se había convertido prácticamente en un amargado, temible, y peligroso vagabundo. Como cinto usaba un cable de acero con una bola de hierro en la punta, y a menudo lo usaba para defenderse ante cualquier circunstancia que, según él, requiriera tal acción.

Pero una noche, motivado por una simple invitación que alguien le había hecho, decidió asistir a la iglesia. Pedro no tenía interés alguno en las cosas espirituales, pero aquella visita lo hizo repensar su vida, la palabra de Dios lo confrontó consigo mismo, y decidió cambiar; poco después de aquella primera visita a la iglesia aceptó a Jesús y fue sumergido en las aguas bautismales. Pero, a pesar de la tremenda e impactante conversión, algo no andaba bien en su vida: cuando hablaba de su familia, y especialmente de su padre, en el rostro se le dibujaban las arrugas y semblante procedente de una rabia que no era capaz de disimular, vivía lleno de rencores, odios, celos, y disgustos, que le impedían disfrutar la enorme felicidad de haber encontrado a Jesús. Un día me dijo:

—Pastor, a pesar de mi conversión, hay una promesa de Jesús que nunca se ha cumplido en mi vida; él dijo: "Y cualquiera que haya dejado casas, o hermanos, o hermanas, o padre, o madre, o mujer, o hijos, o tierras, por mi nombre, recibirá cien veces más, y heredará la vida eterna" (Mt. 19:29).

Evidentemente ilusionado por aumentar su peculio en cien veces más, Pedro no se daba cuenta que él no había dejado nada ni a nadie para seguir a Cristo, sino que más bien Cristo lo había encontrado en la calle sin nada y sin nadie, desamparado, hundido, y al borde de ir a la cárcel. Entonces le dije:

—Pedro, ¿qué tenías cuándo aceptaste a Cristo?

—Nada—dijo.

—Y hoy, ¿cuánto tienes?

—Bueno, hoy no me faltan $500.00 ó $1000.00 pesos en el bolsillo.

—Pedro . . . , es cierto que aún no tienes una familia, no tienes una vivienda decorosa, y no tienes muchas cosas que otros sí tienen, pero atendiendo a cómo Jesús te encontró, creo que ya tienes cien veces más, y la posibilidad de continuar progresando materialmente; pero recuerda que la mejor parte de la promesa no es "cien veces más", sino "heredar la vida eterna". Pedro, si eres fiel, y abrasas a Jesús de todo corazón, aunque no llegues a tener mucho en esta tierra, alcanzarás la vida eterna.

—Pastor, le confieso que jamás lo había visto de ese modo.

Lo más importante no son las bendiciones y el servicio, lo principal es heredar la vida eterna. El centro del evangelio es Cristo Jesús, y la salvación en él debe ser nuestra gran aspiración; verlo a él, ser recibidos por él, y vivir con él, ha de ser el mayor anhelo de cuántos anhelan ser salvados.

María era una hermana que llevaba muchos años en la iglesia, pero un día, mientras la visitaba y conversábamos de los muchos problemas que tenía, cuando ya me despedía me dijo: "Pastor ore para que Cristo venga pronto, a ver si los que se van a salvar salen ya de este mundo, porque yo sé que no me voy a salvar". Vidas rutinarias que nunca han sido felices en Cristo, que jamás han sentido el gozo de la salvación que emana de la cruz del Calvario.

Por eso, el verdadero enfoque estaba en el comportamiento del hermano menor. El hermano menor, había adquirido su herencia material de un modo prematuro y casi forzado, es evidente que no había obrado bien con su padre, ni con su familia; porque había lanzado por la borda aún los valores más insignificantes de todo cuánto debió haber respetado, pero ahora regresaba con una perspectiva basada en lo espiritual: en el amor, en la misericordia, en el perdón, en la justicia divina, y en una nueva oportunidad. Y habiendo expresado su culpabilidad y aceptado el perdón divino, ahora disfrutaba nuevamente de los ricos beneficios del hogar paterno. Había llegado para obedecer y servir desinteresadamente a aquél que lo había restituido al tronco del cual él mismo había desgajado su propia vida.

Como ya dije anteriormente: Mi padre fue un hombre que desde su adolescencia eligió el camino del abandono familiar. Los vicios, la delincuencia, y la corrupción mundana vinieron a ser el pan cotidiano de su vida. Habiendo sido hijo de un colono cañero, a los 35 años lo había perdido todo y no tenía nada, ni siquiera el apoyo de muchos de los miembros de su familia. Pero un día inesperadamente encontró a Jesús y oyó su amorosa voz que lo llamaba, y sin pensarlo un instante, tomó la decisión de aceptar su invitación a seguirlo. Pero habiendo tenido un encuentro personal con Jesús, todavía permanecía en circunstancias difíciles; razón que lo llevaba continuamente de un lado a otro como una nave sin rumbo ni dirección. Hasta que un día, viviendo en medio de la Sierra Maestra, principal grupo montañoso de Cuba, escondiéndose de mucha gente en medio de elevadas e intrincadas montañas, distantes de su familia por cientos de kilómetros. Allí, en la pequeña iglesia de un pequeño pueblo llamado Limones, un día encontró a Jesús y comprendió que podía ser perdonado, retornar a casa, y comenzar una vida nueva. Había oído la voz de Dios a través de los labios de Miguel Figueredo, un anciano y viejo seguidor de Jesús que pertenecía a aquella pequeña iglesia. Mi padre contaba que el viejo seguidor de Jesús le dijo:

—Tú has aceptado a Cristo, él te ha perdonado, y ya eres libre en él. ¿Por qué Huyes? Ya no tienes que huir más, te voy a dar un consejo que debes escuchar sin dilación: desciende de estas montañas a tu pueblo, vuelve con tu familia, y busca la iglesia allá. Cerca del Senado, donde vive tu familia, hay un pequeño poblado llamado Minas, allí hay una iglesia Adventista, ve y bautízate allá. Tienes 36 años de edad y aún no te has casado, te hace falta construir tu propia familia; pero en esa iglesia hay dos muchachas solteras, y tengo la seguridad que una se va a casar contigo.

Pero mientras esto ocurría allá en medio de la Sierra Maestra, acá en las llanuras camagüeyanas, en la pequeña iglesia de Minas, una muchacha cristiana de 28 años de edad, que le había prometido a Dios que jamás se casaría con un hombre que no fuera cristiano, oraba intensamente pidiéndole a Dios que le concediera un compañero para la vida, pero que tuviera su misma fe. En medio de aquellas peticiones y pensamientos personales, una noche la muchacha sueña que se ve a sí misma caminando por las calles y nota que mientras camina por una calle ve a un hombre que tranquilamente arregla zapatos sentado a la puerta de un pequeño establecimiento; curiosa, lo mira, y el hombre se pone en pie, cierra la puerta, y entra a su casa. Queda perpleja, pero un personaje vestido de blanco aparece a su lado y le pregunta:

—¿Viste bien a ese hombre?

—Sí lo vi.

—Es zapatero, se casará contigo.

Luego el hombre abre nuevamente la puerta, y bien vestido con una camisa amarilla se asoma, la mira otra vez, y vuelve a cerrar la puerta entrando definitivamente. Entonces ella se pregunta: "¿qué quiere decir esto?" Pero nuevamente ve a su lado al personaje vestido de blanco que le vuelve a preguntar:

—¿Viste bien al hombre que arreglaba zapatos?

—Sí, claro que lo vi.

—No lo olvides, recuérdalo bien, porque él se casará contigo.

Durante algunos días ella piensa y medita continuamente en aquél extraño sueño, hasta que por fin ocurre lo inesperado: Un sábado de mañana ve que se acerca a la iglesia un hombre con una camisa amarilla, y casi instantáneamente descubre en él al mismo que ella había visto en el sueño. "¡Pero este es el hombre del sueño!"—piensa, mientras lo ve llegar con paso firme hasta la puerta de la casa. El hombre llega, saluda a todos amigablemente, pregunta si es la Iglesia Adventista, y acto seguido comienza a contar a la gente la historia de su vida. Ella escucha atenta hasta el último detalle de la conversación, hasta que alguien le pregunta al hombre:

—¿Y usted en qué trabaja?

—Trabajo en un central azucarero.

—¡Qué raro!—piensa ella—, porque este es el hombre que yo vi en el sueño, y el personaje vestido de blanco me dijo que era zapatero, y yo lo vi arreglando zapatos!

Está perpleja, piensa en el hombre del sueño y en las palabras del personaje vestido de blanco. Pero después de la reunión en la iglesia, la conversación del visitante con los hermanos de la iglesia continúa, y otra persona le pregunta al aparecido:

—En qué trabaja usted.

—Bueno . . . , mientras dura la zafra trabajo en el azúcar, pero el resto del año soy zapatero.

—¡Lo sabía . . . !—piensa ella—, este es el hombre que Dios me mostró en el sueño.

Demás está decir que él se bautizó, y que ellos se enamoraron y se casaron poco tiempo después. Tuvieron ocho hijos, seis varones y dos hembras; de los cuales tres somos pastores, y todos los demás están en la iglesia ocupando diferentes responsabilidades.

Este hijo pródigo no regresó para ser un esclavo. No tenía dinero, no tenía nada, pero después de desperdiciar veinte años de su vida en el vicio y la corrupción, se acogió de todo corazón al amor y la misericordia divina, y por la fe en Cristo comenzó una vida nueva. No vino a Cristo para continuar sumido en la esclavitud de una vida sin esperanza, la oportunidad de una vida nueva le abrió también la posibilidad de construir su propia familia, y de morir en Cristo a los 92 años de edad rodeado de hijos, nietos, y biznietos.

Distintos finales

El desenlace final de la hermosa parábola demuestra claras diferencias y contrastes entre ambos hermanos: El hijo mayor todo lo pierde y el menor todo lo gana. El mayor todo lo condena y el menor todo lo aprueba. El mayor todo lo oculta y el menor todo lo confiesa. El mayor todo lo hace por servicio y el menor todo lo cumple por entrega. El mayor todo lo desempeña por obediencia y el menor todo lo practica por amor. El mayor todo lo efectúa por recompensa y el menor todo lo realiza por gratitud. El mayor todo lo censura y el menor todo lo aprueba. El mayor todo lo rechaza y el menor todo lo acepta. El mayor reboza de orgullo y el menor destila humildad. El mayor existe pobre en la riqueza y el menor vive rico en la pobreza.

Quienes imitan al hermano mayor son hijos de Satanás y quienes siguen el ejemplo del menor son hijos de Dios. Los primeros odian y matan y los segundos aman y perdonan. Satanás todo lo condena y el Padre todo lo perdona.

CONCLUSIÓN

Sin lugar a dudas, estudiar el capítulo quince del evangelio según San Lucas, puede darnos una nueva dimensión acerca del inmenso amor de un Dios que hace todo lo posible para que todos sus hijos sean rescatados, "No queriendo que ninguno perezca, sino que todos procedan al arrepentimiento" (2 P. 3:9). De ese modo, el capítulo quince de Lucas muestra la única posibilidad de salvación para quienes se han perdido en el áspero desierto de la vida, y de los peligros de un mundo tan hostil como el que nos ha tocado vivir.

Como ya se ha dicho: la conmovedora parábola de "La oveja perdida", con su lección de un pastor que arriesga todo para salvar a una descuidada e infeliz oveja; y la emocionante parábola de "La moneda perdida", con su enseñanza de una mujer ansiosamente apasionada que busca hasta encontrar una simple moneda que verdaderamente significa mucho para ella, representan lo que un Dios de amor es capaz de hacer para rescatar al pecador incuestionablemente perdido (*Francis D. Nichol y Asociados*, 1978-1990, vol. 5, 797).

Pero en la parábola del "Hijo perdido" Jesús ilustra el modo como el pecador debe responder al amoroso llamado del padre que lo invita desinteresadamente a entrar en su casa; el hermano mayor y el menor representan a ambos grupos: "publicanos y pecadores" y "escribas y fariseos" (*Ibíd*). Y la actitud de ambos demuestra feacientemente que el interés del padre en ellos está basado solamente en el amor, en un amor verdadero e incondicional.

La bella parábola de "La oveja perdida" nos muestra la enorme posibilidad de ser "Rescatados por el amor"; y la aleccionadora parábola de "La moneda perdida" nos asegura que aún quienes están perdidos dentro de la iglesia, víctimas de sus filosofías e interpretaciones personales, pueden ser "Encontrados por el amor". Pero la "Parábola del hijo pródigo" enseña lecciones mucho más profundas. Por medio de ella Jesús muestra el amor desinteresado y buen juicio del padre por todos los pecadores, su "Desinteresado amor". Describe el sigiloso proceso interno con que el pecado actúa dentro de quienes deciden abandonar a Dios, y el modo como los convierte en víctimas seguras de ellos mismos, y los deja totalmente "Carentes de amor".

Además, dicha parábola señala minuciosamente el camino directo hacia la más completa perdición, incluyendo los pasos de deterioro que asaltan al pecador en ese proceso, en el cual los pecadores extraviados pueden llegar a verse terriblemente "Colapsados sin el amor"; situación crítica, en la cual, la única oportunidad que resta a los pecadores es ser "Atraídos por el amor" y "Justificados por el amor". Y finalmente ayuda a comprender que no importa donde estemos, ni quienes seamos, todos siempre somos "Incondicionalmente amados" por un Dios que todo lo dio por el pecador que se pierde en la inmensidad de un mundo también perdido.

Es cierto, el jueves 5 de agosto de 2010 el mundo entero, hasta el último rincón, fue conmovido por una noticia sin precedentes en la historia de los accidentes laborales a nivel mundial: A causa de un imprevisto derrumbe en la mina San José, en Chile, 33 mineros acababan de quedar sepultados a la escalofriante profundidad de alrededor de 700 metros. Millones de dólares y de recursos materiales fueron invertidos desinteresadamente para rescatar a 33 hombres que estaban condenados a una muerte espantosa y segura.

Pero un rescate mucho mayor se está efectuando en este momento, la humanidad entera quedó atrapada en la más profunda y peligrosa de todas las grutas jamás conocida: la terrible gruta del pecado y la separación de Dios. El cielo lo ha dado todo para rescatar a cuántos deseen ser restaurados definitivamente al hogar del padre, por eso el cielo ofreció a Jesús, el más preciado don de todo el universo. Él sale a buscarte como el pastor busca a la oveja extraviada. O como la mujer rebusca su dracma, él ilumina tu vida, limpia la casa y barre las dificultades luchando por rescatarte. Y finalmente sale a encontrarse contigo fuera de la casa; no importa si como un vagabundo apareces pobre y hambriento o si vienes del campo, por la parte trasera, donde has obedecido y servido como el mejor de los hijos; de todos modos él te ama incondicionalmente.

Todavía quedan millones de personas que no han aceptado su invitación, y cualquiera puede ser uno de esos millones que perecen alejados del padre. Él desea que aceptemos entrar a la casa del padre, y disfrutemos de la música y del gozo celestial, relacionándonos con el padre, y gozándonos en el perdón y la justificación que solamente proceden de él. Jesús nos llama a tomar un tipo de decisión correcta: mostrar un carácter humillado, decidido a entrar en la casa del padre, y resuelto a abrazar al padre que sale a nuestro encuentro a recibirnos.

Jesús nos llama a tener una motivación que no se base en el servicio y la obediencia, sino en el amor, el reconocimiento, y la confesión de nuestras culpas. Jesús desea que aunque perdamos los bienes materiales ganemos la vida eterna que es el mayor de todos los bienes. Jesús espera que no terminemos pobres en la riqueza, sino que vivamos ricos en la pobreza. El quiere que aceptemos su invitación: "Venid a mí todos los que estáis trabajado y cargados, y yo os haré descansar" (Mt. 11:28). Aceptar su invitación, es ser salvado por el amor, y es ser amado incondicionalmente.

BIBLIOGRAFÍA

Anderson, Roy Allan. *El llamado del pastor.* 1951.

Badenas, Roberto. *Para conocer al Maestro en sus parábolas.* Editado por Editorial Safeliz. México D.F.: Gema Editores, 2004.

Barclay, William. *Comentario Bíblico de Lucas.*

Casidoro de Reina y Cipriano de Valera. *Santa Biblia.* Sociedades Bíblicas Unidas, 1960.

Francis D. Nichol y Asociados. *Comentario Bíblico Adventista del Séptimo Día.* Primera Edición. Editado por Francis. D.y asociados Nichol. Traducido por V. E. Ampuero Matta. Vol. 5. Boise, Idaho: Publicaciones Interamericanas, División Hispana de la Pacific Press Publishing Association, 1978-1990.

Hendriksen, Guillermo. *El evangelio según San Lucas, Comentario del Nuevo Testamento.* Grand Rapids: Subcomisión Literatura Cristiana, 1990.

Knight, George R. *Guía del fariseo para una santidad perfecta.* Santafe de Bogotá: Asociación Publicadora Interamericana, 1998.

Siegfried H. Horn, Ph.D. *Diccionario Bíblico Adventista del Séptimo Día.* Buenos Aires: Asociación Casa Editora Sudamericana, 1995.

White, Elena G. *Biblioteca Electrónica Fundamnetod de la Esperanza.* Editado por Apia. Nuevo León, Montemorelos, 1981.

————. *Conflicto y valor.* Mountain View, California: Publicaciones Interamericanas, 1981.

————. *El Camino a Cristo.* Harrah, OK: Pacific Press Publising, 1995.

————. *El conflicto de los siglos.* Bogotá, Colombia: Asociación Publicadora Interamericana, 1955.

————. *El discurso maestro de jesucristo*. México: Ediciones Interamericanas, 1964.

————. *Historia de los Patriarcas y Profetas*. Bogotá, Colombia: Asociación Publicadora Interamericana, 1955.

————. *Joyas de los Testimonios*. Vol. Vol.3. Colombia: Apia, 1981.

————. *La Temperancia*. Colombia: Apia, 1981.

————. *La voz: su educación y su uso correcto*. Colombia: Asociación Publicadora Interamericana, 19894.

————. *Mensajes para los jóvenes*. Bogotá, Colombia: Asociación Publicadora Interamericana, 1955.

————. *Palabras de vida del Gran Maestro*. Mountain View, California: Publicaciones interamericanas, 1981.

————. *Testimonios*. Vol. 2. Colombia: Asociación Publicadora Interamericana, 1955.

————. White, Elena G. *El Ministerio de curación*. Colombia: Asociación Publicadora Interamericana, 1981.